루브릭,
어떻게 만들고 사용할까?

루브릭 어떻게 만들고 사용할까?

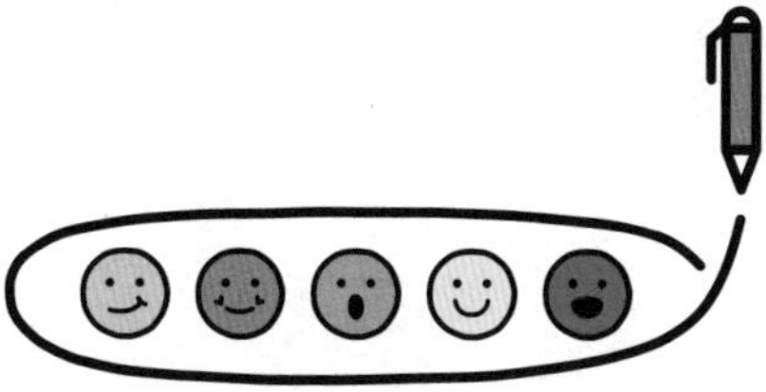

수전 M. 브룩하트 지음
장은경 외 옮김

우리학교

사랑스러운 나의 딸 레이철 브룩하트에게,

네 모든 도움과 지원에 대해 사랑과 감사를 담아.

형성평가부터 채점까지,
학생 성장의 강력한 도구를 찾아가는 길

교직 생활 초기에 나는 수업을 잘하는 교사가 훌륭한 교사라고 생각했다. 명료한 설명과 전달력, 듣기 좋은 음성, 친절한 태도, 이해가 잘되는 시각 자료 준비 등등. 그러나 점점 교실 속 수업 실행자로서 해야 할 역할보다 교사는 결국 학생이 무엇을 배웠는가에 집중해야 한다는 것을 알게 되었다. 학생이 최종적으로 도착해야 할 지점이 어디인지를 생각해보면 자연스럽게 평가를 먼저 고민하게 된다.

학교 교육에서 과연 "평가"의 의미는 무엇일까? 나는 "배워야 할 것을 잘 배웠는가?"를 확인하는 일이라고 생각했다. 그래서 "배워야 할 것"을 제대로 선정하고, 그 목표에 학생들이 도달했다는 증거를 확보해줄 "평가 과업"을 잘 디자인하고, 그 과업을 학생들이 해낼 수 있도록 수업을 단계적으로 촘촘하게 설계하는 일에 집중해왔다. 그리고 치열한 상대평가 등급제가 존재하는 우리나라 현실에서 민원 태풍에 쓰러지지 않기 위해 모든 과정에서 늘 "공정성과 신뢰성"을 염려했다. 그런데 몇 해 전 이 책의 저자 수전 M. 브룩하트를 알게 되면서, 평가를 생각할 때 최우선에 두어야 하는 것은 "이 평가가 학생의 배움을 어떻게 지원하고 있는가?"라는 문제라는 것을 깨닫게 되었다.

최근에 평가 컨설팅을 하다가 영어 에세이를 쓰는 수행평가 루브릭의 평가요소에 '내용/아이디어' 항목 없이, 제출 여부, 문장과 어법 오류의 개수로만 평가하는 루브릭을 본 적이 있다. 이 루브릭대로 채점한다면, 주제와 아무 관련 없는 내용을 적어도 요구하는 문장 수만큼 어법 오류 없이 적기만 하면 만점을 받을 수 있다. 더 심각한 문제는 문장 길이나 적절한 단어 사용, 다양한 문장 형태, 문장의 유창성과는 상관없이 어법 오류의 개수를 세는 평가 탓에 글을 더 잘 쓰는 학생이 더 낮은 점수를 받을 수도 있다는 점이다. 어떤 사회 과목의 수행평가 루브릭은 평가요소 5가지를 모두 한꺼번에 적어두고 위의 기준을 모두 만족하면 4점, 2개를 만족하면 3점 등으로 등급별 판단 기준을 기술하고 있었다. 이런 루브릭은 여전히, 매우, 많이 존재한다. 잘못된 루브릭은 잘못된 평가를 의미하며, 학생들은 이런 평가를 통해 과업의 요구 사항을 만족시키기 위해 노력할 뿐, 구체적으로 그 평가요소가 의미하는 것이 무엇인지, 자신은 그 요소별로 어느 정도의 위치에 도달해 있는지, 자신의 성취를 향상하게 하려면 무엇을 해야 하는지 전혀 알 수가 없다.

그런 측면에서 이 책은 아주 중요한 내용을 담고 있다. 평가의 이상적인 방향에 대해 당위론적으로 뻔하게 접근하는 것이 아니라, 매우 구체적이고 실천적인 방법을 소개한다. 책의 내용에 따라 학생들과 과업에 맞는 평가요소를 함께 선정해보고, 스스로 루브릭의 수준을 기술해보고, 그 내용에 따라 자신과 동료 교사의 과업을 평가해서 피드백한다. 그런 과정에서 학생들의 성장이 가시적으로 확인되었으며, 루브릭을 잘 활용하면서 교사의 개별 피드백 시간이 줄고 평가의 일관성과 공정성을 확보할 수도 있다.

이런 장점을 나누고 공부하기 위해 다양한 교과 선생님들도 마찬가지로 긍정적인 실천 경험을 가지도록 이 책의 번역을 함께 시작했다. 그런데 내용을 아는 것과 우리말로 표현하는 것은 전혀 다른 문제라는 것을 깨닫는 데 그리 오랜 시간이 걸리지 않았다.

부족한 언어 능력으로 한 권의 책을 만드는 과정은 한없이 지난했고, 결과물은 부끄럽다. 하지만 긴 시간 동안 함께 번역 작업에 참여하는 시간 속에서, 스노볼연구회 여섯 선생님과 나눈 한 줄 한 줄의 치열한 토론이 우리의 배움을 더 깊고 풍성하게 한 자양분이 되었다는 것에 감사한다. 완벽하지 않은 결과물이어도 다른 선생님들께 작은 도움이나마 드릴 수 있다면, 그래서 교사인 우리들의 평가가

"학생들의 배움을 지원하는" 본질에 한 걸음씩 다가갈 수 있다면, 더 할 나위 없이 기쁘겠다.

2022년 겨울,

옮긴이를 대표하여, 장은경

차례

2부 학생과 교사를 위한 효과적인 루브릭 사용법

| 서문 |

루브릭을 사용하는
모든 교사에게

이 책은 『루브릭, 어떻게 만들고 사용할까?』라는 책 제목이 말하듯이, 교사들이 교실에서 루브릭rubric(이미 잘 아는 교사들도 있지만, 이 개념이 익숙하지 않은 교사들도 있을 것이다. 루브릭은 학생의 수행을 평가하기 위해 일련의 평가요소를 선정하고, 이 평가요소들에 기반해 학생의 수행을 수준별로 기술하는 평가도구이다 – 옮긴이)을 잘 사용할 수 있도록 돕고자 쓰였다. 그러기 위해서는 2가지 요소가 충족되어야 하는데, 첫째 루브릭이 잘 설계되어야 하며, 둘째 루브릭이 성적을 내기 위해서뿐만이 아니라 학생들의 학습을 위해서도 사용되어야 한다.

이 책을 읽는 많은 분이 이미 루브릭에 관해서 들어보았고, 본인이 이미 알고 있는 내용을 바탕으로 이 책을 이해하리라고 생각한다. 누군가는 이 책을 읽으며 루브릭에 대한 자신의 이해가 맞았다는 확신을 얻고, 저자로서 바라건대 루브릭 제작과 사용 방법에 대한 새로운 예시와 제안을 얻을 수도 있겠다. 그러나 또 다른 누군가는 이 책이 루브릭에 대한 자신의 견해와 그동안 사용해온 방식에 도전장을 내밀며 변화를 요구한다고 생각할 수도 있다.

그래서 이 책을 쓰면서 좀 우려하기도 했다. 확고한 생각을 가진 누군가에게 "잠깐 멈춰봐. 그게 정말 맞을까?"라고 끼어드는 것은 늘 어려운 일이기 때문이다. 하지만 이런 일이 원래 우리 교사들이 항상 하는 일이기도 하다. 독자 여러분 모두가 열린 마음을 가지고 "나는 이것에 대해 어떻게 생각하는가?" 끊임없이 자문해보기를 바란다. 그래서 장마다 자신을 돌아보는 자기성찰 질문을 포함했다. 그 질문들을 생각하면서 성찰일지를 계속 작성한다면 아마도 이 책이 끝날 때쯤 여러분이 무엇을 배웠는지 확인하고 그 배움을 단단히 다질 수 있게 되리라 기대한다.

이 책은 크게 두 부분으로 나뉘어 있다. 1부는 루브릭 자체에 관한 내용으로 루브릭이 무엇이고, 어떻게 작성해야 하는지와 다양한 종류의 예시를 담고 있다. 2부는 교수학습에 루브릭을 어떻게 사용할 것인지 그 내용을 다루었다.

1부의 주개념은 루브릭의 2가지 필수적 측면이다. 첫째, 루브릭은 학생들이 수행하는 과업이 아니라 학생들이 보여줄 학습 성과에 대한 명확하고 적절한 평가요소를 가지고 있어야 한다. 둘째, 루브릭은 연속선상에 있는 수준별 수행에 관한 명료한 설명을 담고 있어야 한다.

루브릭이 분석적인 경우는 평가요소마다 수행에 관한 설명이 수준별로 따로따로 작성되어야 하고, 루브릭이 총체적이라면 모든 평가요소가 동시에 고려되어 수준별로 기술되어야 한다.

2부의 주개념은 루브릭이 학습을 평가할 뿐만 아니라 학습을 도울 수 있어야 한다는 것이다. 2부에서는 루브릭 사용 전략을 그 목적에 따라 세 부분, 즉, 학생과 학습목표 공유하기, 피드백과 자기평가 측면의 형성평가로 활용하기, 채점하기로 나누어 기술한다.

사실 학습목표를 학생과 공유하는 것은 가장 근본적인 형성평가 전략이라고 할 수 있다. 학생들의 입장에서는 명확한 학습목표가 없다면 사실 평가받을 것 역시 아무것도 없는 셈이기 때문이다.

1부

모든 종류의 루브릭과 제작법

1

루브릭이란 무엇이고, 왜 중요할까?

메리엄-웹스터사전을 보면, 루브릭의 첫 번째 의미는 "권위적 규칙", 네 번째 의미는 "학술지, 프로젝트, 시험 등을 채점하거나 등급을 매기기 위해 구체적 기준을 나열하는 안내서"로 되어 있다. 루브릭rubric이란 단어는 라틴어의 빨간색red에서 왔는데, 어떻게 빨강이라는 색깔 이름이 규칙이나 안내서를 의미하게 되었을까? 중세시대로 거슬러 가보면 예배에서 실제로 사용되는 말과는 달리 중요한 규칙을 문서로 남길 때 종종 빨간색으로 인쇄했다고 한다. 그래서 그 페이지에서 "빨간색으로 쓰인 것"이 규칙을 의미하게 되었다.

이 책에서는 교실에서 사용될 루브릭이 위에서 제시한 사전적 정의 그 이상일 수도, 또 그 이하일 수도 있다는 것을 보여줄 것이다.

자기성찰

현재 여러분은 루브릭에 관해서 어떤 견해를 갖고 있나요? 루브릭에 관해 여러분이 알고 있는 것과 루브릭을 사용한 경험을 적어보세요. 이 책을 다 읽은 후, 지금의 기록과 나중의 자기성찰 기록을 비교해봅시다.

루브릭은 단지 "등급을 매기거나 채점을 위한 것"보다 훨씬 다양한 목적으로 사용될 수 있기 때문에 사전적 정의보다 더 넓은 의미를 가진다고 할 수 있다. 반면에 학생의 과제에 대한 규칙이나 지침을 모두 다 루브릭이라고 할 수는 없기에 "권위적 규칙"이라는 사전적 정의보다는 좁은 의미를 가진다고 할 수 있다. 1장에서는 루브릭에 대한 몇 가지 기본 개념을, 2장에서는 루브릭에 대한 일반적인 오해를, 그리고 3장에서는 효과적인 루브릭 제작과 선정 방법을 알아보도록 하자.

루브릭이란 무엇인가?

루브릭은 학생의 수행을 평가하기 위해 일련의 평가요소criteria(국내에서는 평가기준이라고 번역하는 경우도 많으나, 평가기준은 때에 따라 상중하의 기준을 의미하는 경우도 있어 이 책에서는 평가요소로 번역했다–옮긴이)를 모아 놓은 하나의 종합세트이며, 각 평가요소에 기반해 학생의 수행을 수준별로 기술한 것이다. 이 정의가 단순하고 명료해 보이는데도, 실제 현장에서는 이 단순한 정의에 충실한 루브릭을 찾기가 어려울 뿐 아니라, 인터넷에 올라와 있는 수많은 루브릭의 예를 봐도 수행 내용에 관한 기술description이 없는 루브릭이 허다하다. 그 이유에 관해서는 2장에서 설명하기로 하고, 일단 루브릭이 교수학습에 어떻게 도움이 되는가부터 살펴보자. 루브릭에 대한 정의에서 우리가 명확히 알아야 할 2가지 주요 측면은 일관성 있는 평가요소와 이 평가요소에 대한 수행의 수준별 기술이다.

루브릭은 평가적이지 않고 기술적이라는 점에서 특별하다. 물론 루브릭은 평가를 위해 사용된다. 하지만 실제 루브릭의 사용 원리는 수행 결과에 대해 "판단"을 내리는 것이 아니라, 루브릭상의 수행 수준별 기술과 "연결"하는 것이다. 따라서 좋은 루브릭인지 나쁜 루브릭인지를 판단하려면 평가요소가 제대로 선택되었는지, 그에 따른 수행 수준은 제대로 기술되었는지를 살펴봐야 한다. 효과적인 루브릭에는 적절한 평가요소와 잘 작성된 수행 기술이 있다.

루브릭의 목적은 무엇일까?

다른 평가도구도 마찬가지겠지만, 루브릭은 어떤 목적으로 사용하느냐에 따라 유용할 수도, 유용하지 않을 수도 있다. 루브릭의 주된 목적은 수행을 평가하는 것이다. 루브릭으로 평가해야 하는 수행 중에는 전동 드릴을 사용하는 것이나 주제에 관한 토론처럼 학생들이 무언가를 실행하는 과정을 교사가 관찰해야 하는 것도 있고, 완성된 책장이나 서면 보고서같이 학생의 작업 결과물인 경우도 있다. 표 1.1에는 학교에서 루브릭으로 평가할 수 있는 몇 가지 일반적인 수행 유형이 나열되어 있다. 이 목록이 학교에서 가능한 수행 유형을 다 다루고 있는 것은 아니지만, 루브릭으로 평가할 수 있는 유형에 어떤 것이 있는지를 생각해볼 기회가 되기를 바란다.

이 목록은 학생이 무엇을 수행해야 하는지를 제안하기 위해 만들

표 1.1 — 루브릭으로 평가할 수 있는 수행 유형

수행 유형	예시
과정 • 신체 능력 • 도구 사용 • 구두 의사소통 • 과제 수행 습관	• 악기 연주하기 • 앞구르기 • 현미경 슬라이드 준비하기 • 교실에서 연설하기 • 큰소리로 낭독하기 • 외국어로 대화하기 • 스스로 과제 수행하기
결과물 • 제작한 물건 • 에세이, 짧은 글, 보고서, 학기 말 논문 • 개념에 대한 이해를 입증하는 기타 학술적 결과물	• 나무 선반 • 용접 결과물 • 손으로 만든 앞치마 • 수채화 • 실험 보고서 • 셰익스피어시대의 연극 관행에 관한 기말 보고서 • 마셜 플랜(2차 세계대전 후 서유럽에 대한 미국의 경제원조 계획을 의미한다-옮긴이)의 효과에 관해 분석하는 글 • 구조(원자, 꽃, 행성계 등)의 모형 또는 도식 • 개념도

어진 것이 아니다. 학생이 어떤 유형의 수행을 할 수 있어야 하는가는 성취기준, 교육과정의 목표, 수업 목표에 따라 결정된다. 학생들이 실천하고, 만들고, 말하고, 쓰는 수행이 의도했던 학습 성과를 가장 잘 나타내주는 지표가 될 때, 이를 평가하는 가장 좋은 방법은 루브릭이다. 이때 학생들의 수행 활동 자체는 학습 성과를 나타내주는 지표일 뿐, 학습의 성과가 아니라는 점을 유념해야 한다. 2장과 3장에서 좀 더 자세히 다루겠지만, 특별한 경우를 제외하면 어떤 1가지 수행은 의도한 학습 성과를 나타낼 수 있는 여러 수행 중 하나의 표본일 뿐이므로 수행을 학습 성과 그 자체로 오해해서는 안 된다.

학교에서 하는 평가 중에 루브릭이 필요 없는 경우는 정답과 오답이 정해져 있는 문제뿐이다. 하나의 명확한 정답이 있는 시험 항목이나 구두 질문은 맞느냐 틀리느냐로 가장 잘 평가할 수 있다. 그러나 시험 항목이라도 수행의 질에 따른 수준이 있는 경우, 즉 얼마나 적절하게, 얼마나 완전하게, 얼마나 잘 대답했는지 관찰하려는 경우에는 루브릭으로 평가할 수 있다.

또한 루브릭은 체계적으로 구조화된 관찰을 가능하게 한다. 루브릭은 수행의 결과를 판단하는 것이 아니라 수행의 내용을 기술해주기 때문에, 교사는 학생의 수행 내용을 관찰해서 루브릭의 기술과 연결하면 되고, 이는 교실 평가 상황에서 성급한 판단을 내리는 것을 방지하게 돕는다. 또한 루브릭에 근거한 판단은 수행에 관한 기술을 포함한다. 그래서 루브릭 없이 점수나 등급으로 수행의 질을 판단하는 것과는 달리 학생에게는 피드백을, 교사에게는 어떻게 가르쳐야 할지에 대한 정보를 제공한다. 교실에서 설명은 해주지 않고 판정만 내린다면 학생이 무엇을 할 수 있을까? 설명 없는 판정은 변화와 성장을 위한 노력과 실천을 멈추게 할 뿐이다.

다양한 유형별 루브릭의 장단점은 무엇일까?

루브릭은 보통 구성 방식의 측면에 따라 2가지로 분류된다. 1가지 측면은 평가기준을 하나씩 각각 다루는가, 혹은 여러 기준을 한꺼번에 총체적으로 다루는가다. 또 다른 측면은 비슷한 여러 과업에 일반적으로 적용 가능한 것인가, 혹은 1가지 특정한 과업의 평가에만 적용 가능한 것인가다.

분석적 루브릭과 총체적 루브릭

분석적 루브릭은 수행에 관해 평가요소별로 기술하지만, 총체적 루브릭은 모든 평가요소를 동시에 적용하여 수행의 질에 관해 전반적인 판단을 내리게 한다. 뒤의 표 1.2 상단에는 분석적 루브릭과 총체적 루브릭의 정의와 각각의 장단점이 실려 있다.

대부분의 교실 상황에서는 분석적 루브릭을 사용하는 것이 바람직하다. 한 번에 1가지 기준에 집중하게 하면 학생들이 수행의 어떤 측면에 주의를 기울여야 하는지 알 수 있기 때문에 수업을 위해서도, 형성평가를 위해서도 유익하다. 한 번에 1가지 기준에 초점을 맞추는 것은 성적을 부여하기 위한 총괄평가에도 쓰일 수 있으며, 이는 이후 진행될 수업, 즉 단원 후속 활동이나 다음 해에 가르칠 내용에 대한 교수법을 결정하는 데도 유용하다.

교실 상황에서 분석적 루브릭보다 총체적 루브릭이 더 나은 경우도 있다. 총괄평가에서 학생들이 그 평가 결과의 내용을 보지 않는 상황, 즉 최종 점수만 필요할 뿐 평가 내용에 대한 정보가 실제로 사용되지 않는 경우이다. 고등학교 기말시험처럼 각각의 평가요소에 관해 개별적으로 판단 내릴 필요 없이 1가지 결정만 하면 되는 경우에는 총체적 루브릭이 시간을 절약해준다.

이 책에서는 주로 분석적 루브릭의 예시를 많이 다루는데, 여러 가지를 감안해보았을 때 대부분의 교실 상황에서는 분석적 루브릭이 교육적으로 바람직하기 때문이다. 하지만 총체적 루브릭에 관해서도 가장 중요한 핵심 1가지를 한 번 더 강조하고자 한다. 총체적 루브릭이라고 해서 하나의 일반적인 판단 기준에 따라 "매우 우수-우수-양호-부족" 같은 낡은 사고방식으로 평가를 단순화해서는 안 된다. 즉, 총체적 루브릭에서는 모든 평가요소가 종합적으로 사용

표 1.2 — 다양한 유형별 루브릭의 장단점

루브릭의 유형	정의	장점	단점
총체적 혹은 분석적 구분의 기준: 한 번에 종합적으로 평가하는가? 혹은 여러 요소를 구분해서 평가하는가?			
분석적	평가요소(측면, 특성)가 각각 평가됨.	- 교사에게 진단적 정보를 제공함. - 학생들에게 형성적 피드백을 제공함. - 총체적 루브릭보다 수업과 연계하기 쉬움. - 형성평가에 적합함. 총괄평가에도 적용 가능함. 성적 산출을 위해 총점이 필요한 경우, 각 점수를 더할 수 있음.	- 총체적 루브릭보다 채점에 시간이 더 많이 걸림. - 총체적 루브릭보다 채점자 간 신뢰도를 확보하는 데 더 많은 시간이 요구됨.
총체적	모든 평가요소(측면, 특성)가 동시에 평가됨.	- 분석적 루브릭보다 빠른 채점이 가능함. - 더 짧은 시간에 채점자 간 신뢰도를 확보할 수 있음. - 총괄평가에 적합함.	- 총점만으로는 어떻게 수행을 향상할 수 있는가에 관한 정보를 전달하지 못함. - 형성평가에 적합하지 않음.
수행 기술 방식: 일반적인가? 혹은 특정 과업형인가?			
일반적	수행에 대해 일반적인 특징을 기술하고 있어서 다른 유사한 과업(쓰기, 문제해결)에도 적용할 수 있음.	- 명시적으로 평가와 수업을 연결함으로써 학생들과 루브릭을 공유할 수 있음. - 동일한 루브릭을 여러 가지 과업이나 과제에 적용 가능함. - 학생들이 1가지 구체적인 과업뿐 아니라 좋은 결과물이 어떤 것인지에 대한 폭넓은 의미를 알게 해서 학습을 촉진함. - 학생의 자기평가를 지원함. - 학생들이 일반적 루브릭을 구성하는 것을 도울 수 있음.	- 처음에는 특정 과업형 루브릭보다 신뢰도가 낮음. - 올바른 적용을 위해서는 연습이 필요함.

특정 과업형	특정한 과업(대답하기, 결론 명시하기)의 수행에 대해 구체적인 내용을 기술하고 있음.	- 교사들은 가끔 이 방식이 채점하기 더 쉽다고 느낌. - 더 짧은 시간에 채점자 간 신뢰도를 확보할 수 있음.	- 학생들과 사전에 공유할 수 없음(정답이 사전에 공개될 수 있음). - 각각의 과업에 관해 루브릭을 새로 작성해야 함. - 열린 결말형 과업의 경우, 좋은 답안임에도 루브릭에 포함되어 있지 않으면 낮은 점수를 받을 수 있음.

※ 출처: 『교실에서의 평가와 채점(Assessment and Grading in Classrooms)』(수전 M. 브룩하트와 앤서니 J. 닛코, 2008, 피어슨에듀케이션출판), p.201. 허가받고 재인용함.

되고 통합적으로 고려되어야 한다는 점이다. 총체적 루브릭도 엄연히 루브릭의 한 종류이므로 바람직한 수행에 대한 평가요소, 그리고 해당 수행이 어떻게 이 평가요소를 충족하는지에 대한 관찰에 기반을 두어야 한다는 것을 꼭 기억하자.

일반적 루브릭과 특정 과업형 루브릭

일반적 루브릭은 다양한 과업에서 보편적으로 사용할 수 있는 평가요소와 수행에 관한 기술을 포함하고 있어서, 쓰기나 수학 문제 해결처럼 동일한 학습 성과를 기대하는 여러 과업에 사용될 수 있다. 일반적 루브릭의 평가요소는 특정한 과제의 특징, 즉 특정한 문제 하나를 푸는 데 필요한 요소들이 아니라, 학습의 성과를 보여주는 다양한 측면이나 바람직한 문제 해결의 전반적인 특성을 나열한다. 일반적 루브릭에서는 수행에 관해 보편적으로 기술하므로, 학생들은 독립적이고 구체적인 과업의 특징이 아니라 전반적인 자질을 배운다. 예를 들어(산수 문제의 경우처럼-옮긴이) 일반적 루브릭에서는 '칼, 포크, 스푼, 손님의 수'라고 특정 정보를 기술하지 않고 '문제 해결에 필요한 관련 정보'를 모두 사용했다고 기술한다. 반면 특정 과업형 루브릭은 그 명칭에 잘 나타나 있듯이 특정한 수행 과업에 적합한 루브릭이다. 문제에 대한 답을 포함하거나 학생들이 사용해야 하는 논리를 설명하거나 학생들이 언급해야 하는 특정 사실과 개념을 나열한다. 표 1.2 하단에는 일반적 루브릭 및 특정 과업형 루브릭의 정의와 각각의 장단점이 실려 있다.

왜 일반적 루브릭을 사용할까? 일반적 루브릭은 특정 과업형 루브릭과 비교해 몇 가지 장점이 있다.

- 과제를 시작할 때 학생들에게 공유해서 학생들이 자신의 수행을 계획하고 점검할 수 있다.
- 학생들이 개발하게 될 지식과 기술에 초점을 맞춰 다양한 과제에 사용할 수 있다.
- 과업을 완수할 수 있는 여러 가지 방법을 고려해 학생들의 수행을 기술한다.
- 교사가 학생의 과제 완성 여부 대신 학습역량의 발달에 집중하도록 해준다.

- 과제별로 다시 작성할 필요가 없다.

처음 2가지의 장점에 관해 좀 더 알아보자.

우선 과제를 시작할 때 학생들과 루브릭을 공유할 수 있다. 일반적 루브릭은 질문에 대한 "정답을 제공"하지 않으며, 학생이 스스로 찾아내고 확장해야 하는 세부 정보는 포함하지 않는다. 대신 "추론에 대한 설명이 명확하고, 적절한 세부 정보로 뒷받침하고 있다"와 같이 기술해서 학생들이 학습목표(예: 추론을 뒷받침하는 적절한 세부 정보로 추론을 명확하게 설명하기)에 초점을 맞추어 과제에 어떻게 접근해야 하는지(예: 나는 제시된 문제를 해결할 때 왜 이런 선택을 했는지에 명확하게 초점을 맞추고 그 이유를 설명할 수 있어야 한다)를 명확하게 해준다. 따라서 일반적 루브릭은 시간이 지남에 따라 학생들이 어떤 능력을 잘 수행한다는 것이 무엇을 의미하는지에 대한 개념(예: 효과적으로 문제를 해결하기 위해서는 내가 스스로 설명하고 뒷받침할 수 있는 분명한 논거를 제시하는 것이 필요하다)을 구축해 나가는 데 도움이 된다.

둘째로, 다양한 과제에 사용할 수 있다. 일반적 루브릭은 학생들이 수행하는 특정 과제보다는 학습 중인 지식과 기술에 초점을 맞추기 때문에, 2장에서 다룰 "알맹이 없는 텅 빈 루브릭"의 문제를 방지할 수 있게 한다. 루브릭의 정의에 따르면, 과제에 대해 지시를 내리는 것, 표면적으로 드러나는 특성의 개수를 세는 것, 등급 척도를 사용해 평가하는 것은 잘 만들어진 일반적 루브릭이라고 할 수 없다.

앞서 말했듯이 일반적 루브릭은 학생들이 습득해야 하는 지식과 기술에 초점을 맞춘다. 이 때문에 동일한 영역의 학습 결과물을 요구하는 과제에는 모두 사용될 수 있으며, 또 사용되어야만 한다. 물론 교사가 학생들에게 한 영역 안에서 시행 가능한 모든 과제를 한꺼번에 부과하는 경우는 없을 것이다. 예를 들어, 학생들에게 등장인물의 성격을 묘사하는 여러 형태의 에세이를 모두 작성하라고 하거나, 경사면과 관련해서 생길 수 있는 모든 문제를 해결하라고 하거나, 가능한 모든 화학 용매를 포함해서 실험을 설계해보라고 하거나, 권력 공백의 결과로 발생하는 모든 종류의 정권 탈취에 관해 설명하라고 요구할 수는 없듯이 말이다.

하지만 이런 과제들은 모두 중요한 지식과 능력의 지표가 되며, 시간이 지나고 연습을 많이 할수록 발전한다. 에세이 작성, 문제 해결, 실험 설계 및 정치 시스템 분석은 각각의 해당 분야에서 중요한 능력이다. 따라서 같은 종류의 과제를 할 때마다 루브릭이 같으면 학생은 좋은 에세이 작성, 좋은 실험 설계 등이 갖춰야 할 일반적인 특성을 배우게 된다. 하지만 같은 종류의 과제에서 매번 다른 루브릭을 사용하면 학생들은 특정 에세이나 개별 문항을 넘어서는 일반적인 특성에 대한 안목을 키우지 못한다. 과제에 대한 일반적인 특성을 파악하는 데 중점을 둔 이 방식은 학생들이 학교에서의 학습을 개별 과제 하나씩을 완수하는 것이 아니라, 보편적인 지식과 기술을 쌓아가는 과정으로 인식하도록 돕는다.

왜 특정 과업형 루브릭을 사용하는가? 이 루브릭은 특정 과제에 관해 학생의 답안에서 무엇을 살펴봐야 하는지를 자세히 설명하기 때문에 채점자에게 "채점 지침"의 기능을 한다. 특정 과업형 루브릭으로 학생의 답안을 채점하는 것은 일반적 루브릭으로 학생의 답안을 채점하는 것보다 추론이 덜 필요한 작업이므로 교사가 최소한의 연습으로도 더 쉽고 일관성 있게 적용할 수 있다. 이러한 이유로 대규모 평가에서는 특정 과업형 루브릭을 사용하기도 하는데, 이렇게 하면 채점자들을 수용 가능한 수준의 채점 신뢰도에 도달하도록 훈련시키는 시간을 좀 더 단축할 수 있다. 사실 일반적 루브릭을 잘 적용하는 방법을 배우는 데는 시간이 더 오래 걸린다.

그러나 특정 과업형 루브릭의 신뢰도가 더 높다는 장점은 일시적인 것으로, 일반적 루브릭을 잘 적용하는 방법을 배운 이후에는 더 이상 장점으로 작용하지 않는다. 오히려 특정 과업형 루브릭의 결정적인 단점에 주목해야 한다. 특정 과업형 루브릭은 채점에만 유용할 뿐, 학생들이 학습목표를 개념화하고 자신의 학습 진행 상황을 모니터링하는 데는 도움이 되지 않는다. 또한 특정 과업형 루브릭은 평가 전에 학생들이 루브릭을 미리 볼 수 있도록 공유할 수 없기 때문에 형성평가에 사용될 수가 없다. 따라서 특별한 목적이 있는 경우 외에는 특정 과업형 루브릭을 사용하지 않는 것이 좋다.

왜 루브릭이 중요할까?

루브릭은 학생들에게 자신이 수행할 과업의 특성이 무엇인지 명확하게 알려준다는 점에서 중요하다. 이 점은 종종 학생들이 학습목표와 성공적인 학습의 평가요소를 이해하고 있는지를 드러내주는데, 이러한 이유로 루브릭은 교사가 수업과 평가를 구조화해서 잘 가르치도록, 또 학생들이 잘 배울 수 있도록 돕는다.

루브릭은 교사가 잘 가르치도록 도와준다

루브릭을 제작하거나 기존 루브릭 중에서 좋은 것을 잘 고르려면 교사는 평가요소에 집중해야 한다. 이때 교사가 무엇을 가르칠까보다 학생들이 무엇을 배울까에 집중하는 것이 실제로 수업을 향상시키는 데 도움이 된다. 흔히 교사들은 "미국독립혁명에 관해 가르쳤다" 또는 "2차 방정식 인수 분해를 가르쳤다"처럼 "무엇을 가르친다"라고 한다. 하지만 이런 접근 방식은 무엇을 가르쳤는지 그 내용만 명확히 알려줄 뿐, 어떤 성과가 나왔는지는 보여주지 못한다. 학습 성과를 명확히 하지 않으면 가르칠 내용의 측면이 얼마나 많고 다양한지 알기 어렵다. 루브릭은 가르치는 내용과 성과, 2가지 모두를 명확하게 밝혀준다.

정말 좋은 루브릭은 교사가 과제 또는 활동을 학습목표와 혼동하지 않고 과업이 아닌 평가요소에 집중할 수 있도록 한다. 이 점에 관해서는 이미 평가요소 선정 부분에서 논의했지만, 루브릭의 초점이 과업이 아닌 학습에 있다는 게 이 책에서 가장 중요한 개념이므로 여러 차례 반복해서 언급할 것이다. 과업이 아닌 학습에 초점을 둔다는 것은 어쩌면 매우 어려운 일처럼 보일 수도 있다. 혹은 더 솔직히 말하자면 학습 성과보다는 과제에 신경 쓰는 것이 훨씬 쉬운 일이라, 바쁜 교사들에게는 그 길이 더 매력적인 선택지가 될 수도 있다. 그러나 그런 접근은 단기적으로는 시간을 절약하는 것으로 보이지만 결국에는 소탐대실, 한 푼을 아끼려다 열 냥을 잃는 방식이다. 우리 교사들에게 가장 중요한 목적은 학생들이 얼마나 잘 배우게 할 것인가인데, 성과가 아닌 과제에 집중하면 장기적으로는 배움을 희생시키기 때문이다.

루브릭은 수업과 평가를 조화롭게 구성하도록 돕는다

대부분의 루브릭은 여러 과업에 관해 오랜 시간에 걸쳐 반복적으로 사용될 수 있도록 설계되어야 한다. 학생은 한 단원이나 어떤 과제를 시작할 때 학습을 입증할 평가요소와 질적 수준이 기술된 루브릭을 받은 후 과제를 해결하기 위해 씨름하고, 피드백을 받고, 연습하고, 수정하고, 혹은 다른 작업을 수행하고, 다시 연습을 계속한 후에 최종적으로 성적을 받는다. 이 모든 과정에서 같은 루브릭이 사용되어야 한다. 비슷한 종류의 과업이면서 평가요소가 서로 다른 과제를 연속적으로 수행하는 것보다는 이렇게 1가지 루브릭을 반복적으로 사용하는 방식이 훨씬 더 응집력 있는 학습경로를 제공한다.

루브릭은 학생들의 배움을 지원한다

루브릭에 담긴 평가요소와 수행 수준 기술은 학생들이 바람직한 수행이 무엇인지, 수행 결과물이 어떤 모습이어야 하는지를 이해하는 데 도움이 된다. 효과적인 루브릭은 학생들의 수행 결과물이 주요 평가기준에 얼마나 부합하는가를 스스로 알 수 있게 한다. 또한 형성평가의 기능으로 사용될 때는 수행 결과물을 개선하기 위한 다음 단계가 무엇인가를 알려준다. 이러한 루브릭의 유용성은 모든 학년 대상의 연구와 다른 영역의 연구에서도 검증되고 있다.

학생들이 만든 평가요소에 관한 여러 연구를 보면, 자신들의 수행이 갖춰야 할 질적 수준을 정의하고 기술하는 일에 학생들이 직접 참여하도록 만들 수 있다는 것을 알 수 있다. 낸시 해리스Nancy Harris와 로라 킨Laura Kuehn(Higgins, Harris, & Kuehn, 1994)은 팀티칭 교실에서 초등학교 학생들이 "좋은 프로젝트"를 위한 평가요소를 만들어낼 수 있는지 알아보는 연구를 실행해, 1, 2학년 학생들이 그룹 프로젝트의 평가요소를 정의할 수 있다는 것을 알아냈다. 학년 초에 학생들이 만든 기준 대부분은 과정에 관한 것(예: 그룹 구성원이 서로 잘 지내기)이었다. 하지만 12월쯤에(미국은 9월에 신학기가 시작되므로 한국과 달리 12월은 학년 말이 아니라 학기 말이다-옮긴이) 학생들은 그동안의 프로젝트 사례들을 보면서 지속적인 브레인스토밍과 토론을 통해서 획득한 실질적인 기준(예: 프로젝트에 포함된 정보)의 중요성을 깨닫기 시작했다. 학년 말까지 학생들이 선택한 기준의 약 절반은 과정에 관한 것이었고, 절반은 결과에 관한 것이었다. 이 연구는 학생들이 학습에 집중하는 방법을 배워야 한다는 것을 보여준다. 그리고 더 중요한 것은 이것을 1학년처럼 어릴 때부터 시작할 수 있다는 것이다.

앤드레이드, 두, 왕(Andrade, Du, Wang, 2008)은 3학년과 4학년 학생들이 쓰기 과제 모델을 읽고 평가요소 목록을 만든 후, 루브릭을 이용해 자신이 작성한 이야기와 에세이의 질을 스스로 평가하도록 하고 그 효과를 조사했다. 대조군은 평가요소를 브레인스토밍하고 초안을 스스로 평가하긴 했지만, 루브릭을 사용하지 않았다. 자기평가에 루브릭을 사용한 학생 그룹은 원래 자신의 쓰기 능력을 루브릭에 맞추어가면서 전반적으로 더 좋은 글을 작성했다. 특히 아이디어, 구성, 어조 및 단어 선택 영역에서 더 우수했다. 문장과 문법적 표기(대소문자, 철자, 문장부호 등)의 영역에서는 그룹 간 차이가 없었는데 이

것은 아마도 모든 어린이가 쓰기를 본격적으로 배우기 전에 미리 훈련받는 영역이기 때문일 것이다. 앤드레이드, 두, 마이첵(Andrade, Du, Mycek, 2010)은 루브릭을 사용한 그룹의 작문이 6가지 기준 모두에서 더욱 수준 높게 평가되었다는 점을 제외하고는 5, 6, 7학년 학생들 역시 동일한 결과가 나타났음을 밝혔다.

로스, 호가봄-그레이, 롤하이저(Ross, Hoagaboam-Gray, Rolheiser, 2002) 역시 평가요소에 기반한 방법을 사용해 5, 6학년 학생들에게 수학 자기평가 기술을 가르쳤다. 이 자기평가 수업에는 평가요소를 정의하는 데 학생 참여시키기, 평가요소 적용 방법 가르치기, 평가요소에 기반한 자기평가에 피드백 제공하기, 자기평가를 기반으로 한 실행 계획 개발 돕기 등 4가지 전략이 포함되었다. 학생들이 원래 가지고 있던 문제 해결 능력이라는 변수를 고려하지 않는다면 평가요소를 사용하여 스스로를 평가한 학생들은 수학 문제 해결 능력에서 대조군보다 높은 점수를 획득했다고 볼 수 있다.

로스와 스탈링(Ross and Starling, 2008)도 9학년 지리 수업에서 평가요소에 따라 앞서 언급된 4가지 전략을 포함한 자기평가를 사용했다. 학생들은 지리 정보 시스템GIS(Geographic Information System) 소프트웨어를 사용하여 지리 문제를 해결하는 방법을 배우고 있었다. 이때 학습목표는 소프트웨어를 정확하게 사용하고 자신의 문제 해결 전략을 설명하는 것과 더불어 이를 실제 지리 문제에 적용하는 것이었다. 기술 학습에서 중요한 것으로 알려진 컴퓨터 자기효능감에 대한 사전 테스트라는 변인을 고려하지 않는다면, 실험군은 소프트웨어를 사용한 지도 제작, 문제 해결 전략을 설명하는 보고서와 매핑mapping 프로그램 지식을 측정하는 시험 등 3가지 측정에서 대조군을 능가했다고 볼 수 있다. 대조군과 가장 큰 차이는 문제 해결 전략 설명에서 두드러졌다.

자기성찰

학습에 기반한 평가요소가 담긴 루브릭을 교실에서 사용할 때, 학습목표의 달성을 촉진하고 학생의 학습역량을 향상시킬 수 있다는 확신을 얻으려면 어떤 증거가 필요할까요? 여러분의 교실에서는 그 증거를 어떻게 얻을 수 있을까요?

해프너와 해프너(Hafner & Hafner, 2003)는 대학에서 생물학을 전공하는 학생들의 협동발표에서 동료평가와 교수평가에 루브릭을 사용한 사례를 연구했다. 조직과 연구, 설득력과 논증의 논리, 협력, 전달과 문법, 창의성과 독창성 등 5가지 기준이 있었다. 본래 루브릭은 개발 이후 학생들의 토론과 참여로 수정되는 것이 일반적이나, 이 연구를 위해 3년 연속 필수 과목 과제에 동일한 루브릭을 사용했다. 교수나 강사들은 학생들이 동료평가를 통해 얻은 정보가 정확한지, 강사가 준 정보와 일치하는지, 이 정확성이 다른 학년과 수업에 걸쳐 일관적인지 알아보는 데 관심이 있었다. 간단히 결론을 말하자면 '그렇다'. 학생들은 동료에게 정확하게 피드백을 줄 수 있었고, 이 피드백의 정보는 교수가 제공한 것과 일치했으며, 이것은 모든 수업에 해당했다.

요약하기

1장에서는 평가요소와 수행 수준 기술이라는 2가지 주요 구성요소로 루브릭을 정의했다. 평가요소의 핵심은 과업 자체가 아니라 학습 성과에 대한 것이어야 한다는 점, 수행 수준 기술의 핵심은 평가적 진술evaluative statement이 아니라 기술description이어야 한다는 점이다. 평가assessment에서 "총괄평가evaluation"는 학생의 수행에 대해 즉각적으로 내리는 판단이 아니라, 루브릭에 기술된 내용과 학생의 수행을 연결함으로써 완성된다. 1장에서는 이런 루브릭이 교사가 가르치고 학생이 배우는 데 도움이 된다는 몇 가지 증거를 제시했다. 여러분의 교실과 구체적인 학교 상황에서 그런 증거를 찾아볼 것을 제안한다.

다시 생각하기(이 코너에서는 읽은 내용을 재확인한다-옮긴이)

1. **루브릭의 2가지 주요 요소는 무엇일까요?**
2. **특정 과업형 루브릭은 학습의 성과를 보여주는 다양한 측면이나 바람직한 문제 해결의 전반적인 특성을 나열한다.** (○, ×)
3. **분석적 루브릭은 교사에게는 진단적 정보를, 학생에게는 형성적 피드백을 제공한다.** (○, ×)
4. **맞는 것을 골라봅시다.**
   평가요소는 [과제물/학습의 성과]에 유념해서 선정한다.

• 답 : 1. 평가요소와 수행 수준 기술 2. X, 일반적 루브릭에 관한 설명이다. 3. ○ 4. 학습의 성과

2

루브릭에 대한 흔한 오해들

이 2장에서는 먼저 루브릭에 관해 어떤 오해가 있는지 살펴보고, 효과적인 루브릭을 만들거나 고르는 원칙이 어떻게 이런 오해를 해소할 수 있는지 보여주고자 한다. 좋은 반례를 몇 가지 살펴보면 효과적인 루브릭을 만들기 위한 원칙이 어떻게 적용되는지 명확하게 알 수 있다.

루브릭에 대한 많은 오해는 대부분 채점과 관련 있다. 교사들이 평가를 하기 위해서는 루브릭 같은 도구가 필요한데, 이 도구가 교사들이 평가에 관해 이미 알고 있는 것, 혹은 실행하고 있는 것과 결합하는 과정에서 많은 오해가 생긴다. 어쩌면 교사들은 이미 채점 자체에 대해 오해하고 있을 수도 있다(Brookhart, 2011; O'Connor, 2011).

많은 교사가 좋은 의도를 가지고 있는데도 학생의 학습을 저해하는 방식으로 루브릭을 사용하고 있다. 인터넷에서 볼 수 있는 많은 루브릭에서도 이러한 문제점이 흔히 나타난다.

과제tasks를 학습 성과learning outcomes와 혼동하는 문제

루브릭으로 평가해야 하는 것은 학습 성과이지, 학습 성과를 평가하기 위해 사용하는 과제가 아니다. 이 2가지를 혼동해서는 안 된다. 루브릭은 단순히 표 안에 과제에 대한 지시 사항을 기술한 것이 아니다. 수행평가에서 루브릭을 사용할 때 교사들이 범하는 가장 큰 실수는 학생들이 학습의 성과나 과제를 통해 보여주어야 할 능숙도가 아니라, 과제 즉 결과물에 초점을 두는 것이다. 내게도 그런 경험이 있고, 다른 연구들에서도 이러한 사례가 입증되었다.

골드버그와 로즈웰(Goldberg and Roswell, 1999-2000)은 8개 초등학교와 3개 중학교 교사들에게 자신의 수업을 보여주는 "창문"이라고 생각되는 여러 활동, 수업, 단원 계획 및 평가를 선정해달라고 요청해서 200개의 수업 자료 예시를 연구했다. 이들 교사 중에는 메릴랜드학교수행평가 프로그램MSPAP(Maryland School Performance Assessment Program의 약자로, 읽기, 쓰기, 언어 사용, 수학·과학·사회 과목을 다루는 수행 기반 시험 프로그램이다. 3, 5, 8학년 학생을 대상으로 매년 인구조사에 따라 시행하며, 그 결과는 학교의 성과에 대한 연간 평가와 학교 개선 상황을 추적하는 데 사용된다-옮긴이)의 채점 경험이 있는 교사도 있고 경험이 없는 교사도 있었다. 연구자들은 채점 경험이 있는 교사가 그렇지 않은 교사보다 루브릭을 포함한 채점도구를 더 잘 만들 것이라고 예상했다. 하지만 경험 여부와 관계없이, 교사가 만든 채점도구 대부분이 그 효과를 떨어뜨리는 결점을 포함하고 있다는 것을 발견했다. 그 결점은 다음과 같다.

- 측정하고자 하는 학습 성과를 혼동하는 것(여러 내용 영역의 기술을 분리하지 않고 한꺼번에 채점하는 것)
- 관련 없는 요소를 채점하는 것(예: 깔끔함, 색상 등)
- 학습 성과에서 숙련도의 증거를 찾지 않고, 개별 요소의 개수를 세어 채점하는 것
- 학생들이 해야 하는지 몰랐던 것을 채점하는 것
- 학습의 성과보다는 결과물을 채점하는 것

골드버그와 로즈웰의 연구는 성과가 아니라 결과물을 채점한다는 것이 무슨 뜻인지 알 수 있는 좋은 예시를 보여준다. 한 사회과 교사는 2가지 메릴랜드 성취기준 — 1. 가족, 학교, 그리고 지역사회 내

에서 규칙을 만들고 이를 변경하기 위한 절차를 주제로 조사하거나 설명하기 2. 다양한 상황에서 질서와 공정성을 촉진하는 규칙 제안하기 — 에 관해 가르치고, 학생의 이해도를 평가하고자 했다. 해당 교사는 여러 단계로 이루어진 수행 과제를 제작했다. 먼저 학생들은 통제 불능 상태가 된 보드게임으로 들어가 모험을 펼치는 소설 『쥬만지』를 읽고, 독해와 추론 질문에 답했다. 그 후 그룹별 브레인스토밍을 통해 자신들이 익숙한 다른 보드게임을 적어보고, 새로운 보드게임을 만들어서 토너먼트에 참가했다. 마지막으로, 다양한 게임의 문제점을 파악하고 수정한 후 게임 홍보 광고를 제작했다. 면밀히 분석하지 않고 표면적으로 본다면 이는 영어와 사회 과목을 아우르는 매력적이고 재미있는 활동이므로 훌륭해 보일 수 있다.

그러나 골드버그와 로즈웰이 지적하듯이, 이 중에 게임에 대한 규칙을 만드는 방법 혹은 이유에 관한 활동은 전혀 없었다. 실제로 약간의 수정을 가한다면, 교사가 의도한 사회학의 개념을 가르치고 평가할 수도 있다. 하지만 현 상태로는 독해력(규칙 제정의 개념에 관한 것이 아니라 소설에 관한 질문을 읽고 답하기), 협동 기술(게임과 토너먼트 개발하기), 일부 문제 해결 기술(게임의 문제점 진단 및 수정하기), 의사소통 기술(광고 디자인하기)을 가르치고 평가하는 데서 멈추고 있다.

이처럼 핵심을 살짝 비껴간 활동에는 성과 대신 과제를 평가하는, 초점이 빗나간 루브릭이 종종 수반된다. 과제와 관련된 평가요소

(독해력, 보드게임과 토너먼트 참여, 광고)를 사용해서 점수를 줄 수는 있겠지만, 그 점수는 사회 과목의 학습 성과에 관한 실질적인 정보를 담고 있지는 않다. 만일 사회 과목의 개념을 다룰 수 있도록 질문을 수정하고, 보드게임 활동의 규칙을 만드는 과정에 대한 성찰 또는 브레인스토밍 활동이 포함되도록 과제를 수정했다면, 규칙 제정 과정에 관해 명확히 설명하기, 설명에 대한 근거를 소설과 활동에서 찾아 제시하기, 수정한 게임에서 규칙의 질서와 공정성 입증하기 등 성과와 관련된 평가요소를 사용할 수 있었을 것이다.

학습목표가 아닌 과제 또는 수업 활동에 초점을 맞추는 것은 수행평가와 루브릭의 평가요소 선정에서만 발생하는 문제가 아니라, 교사들의 일반적인 계획과 평가 단계에서도 흔히 나타난다(Chappuis, Stiggins, Chappuis, & Arter, 2012). 하지만 루브릭의 평가요소를 선정할 때 과제와 학습목표를 혼동하는 문제가 특히 두드러져 보이는 이유는 평가요소를 학습목표 대신 과제에 맞추고자 하는 유혹에 빠지기 쉽고, 이에 따라 매력적으로 보이지만 사실은 알맹이 없고 핵심을 비껴간 "무의미한"(Goldberg & Roswell, 1999-2000, p.276) 교실 수행 과제가 상당히 많이 존재하기 때문이다.

사실 현장에는 이 보드게임 예시보다 훨씬 더 의미 없는 수행 과제와 루브릭이 많다. 그런데도 과제의 완수가 아닌 학습의 정도를 알려주는 루브릭에 관해 설명하기 위해 이 "핵심을 살짝 비껴간"

예시를 선택한 이유는, 해당 예시가 너무 허술해서가 아니라 오히려 너무 좋아 보였고 주변에서 쉽게 볼 수 있는 사례이기 때문이다.

목표로 하는 학습 성과가 아닌 과제에만 초점을 맞추는 것은 2단계의 오류를 범하는 것이다. 첫째, 학생들은 교사가 자신들에게 하라고 요구하는 것이 자신들이 배워야 하는 것이라고 생각하게 된다. 따라서 과제는 학습 성과를 나타낼 수 있는, "이해를 기반으로 한 수행 performance of understanding"(Moss & Brookhart, 2012)을 수반해야 하는데, 핵심을 비껴간 과제는 학생들의 배움 기회뿐 아니라 배워야 하는 것이 무엇인지 개념화할 수 있는 기회도 빼앗는 것이다. 둘째, 학습 기반 평가요소와 달리 과제 기반 평가요소는 수행한 과제에 대한 정보만 제공할 뿐(어쨌거나 과업은 완수했으므로), 향후 학습을 지원하는 데 필요한 정보를 제공하지 않으므로 다른 변화를 끌어낼 수 없다. 결국 배움보다는 학습 습관, 지시사항 따르기, "착한 학생" 되기에 관한 정보를 제공하는 것에 그칠 뿐, 배움을 촉진하고 측정할 기회는 사라지게 된다.

자기성찰

여러분이 루브릭으로 채점한 수행평가에 관해 한번 생각해봅시다. 루브릭의 평가요소는 과제에 관한 것인가요, 아니면 과제를 통해 입증되는 학생들의 학습 성과에 관한 것인가요? 과제와 루브릭의 평가요소에 혹시 수정이 필요하지는 않나요? 그렇다면 수정 후 루브릭은 어떻게 달라질까요?

이 논의는 학생들이 지시 사항을 따르는 것은 배우지 않아도 된다거나, 그것을 위한 도구를 제공할 필요가 없다는 의미는 아니다. 학생들은 당연히 이것을 배워야 하는데 이와 관련해서는 체크리스트 또는 평정 척도rating scale(7장 참조)를 사용하면 된다. 체크리스트는 학생들이 과제의 완성도를 판단하게 해서 과제 요구 조건을 충족하는지를 스스로 파악하도록 도와주고 그 과정에서 학습 습관을 길러준다. 다만 배움 중심 루브릭이 체크리스트 또는 평정 척도와 다른 점은 과제 수행 과정에서 학생이 배운 것을 교사와 학생 모두가 측정할 수 있도록 돕는다는 것이다.

루브릭을 요구 사항이나 개수 세기와 혼동하는 문제

루브릭은 과제의 요구 조건에 관해 알려주거나, 개수를 세는 일에 관한 것도 아니다. 앞에서 살펴보았듯이, 과제의 주요 사항(예: 보고서의 표지)과 각 주요 사항의 필수 요소 종류 또는 개수를 표로 만들어 적는 것은 매우 그럴듯해 보이지만 부적절한 루브릭의 용례다. 학생들이 점수를 얻기 위해 루브릭을 따르게 되면 이것은 배움 중심이 아닌 성적 중심의 방식으로 루브릭을 사용하는 것이다. 앞서 이러한 루브릭이 "유혹적"이라고 표현한 이유는 단기적인 안목에서 보면 원하는 성적을 얻기 위해 과제를 완수하는 순응적인 학생을 배출하는 데 성공할 수 있기 때문이다. 순응하기가 배움의 증거가 될 수 있는지를 깊이 생각해보지 않으면, 교사는 관성적으로 루브릭을 성적 중심 방식으로 사용하기 쉽다. 내가 알고 있는 몇몇 교사는 이런 종

표 2.1 — 좋지 않은 "루브릭"의 예시

나의 주State 포스터				
	4	3	2	1
정보	포스터가 주와 관련해 읽기 흥미로운 정보를 적어도 6개 포함함.	포스터가 주와 관련해 읽기 흥미로운 정보를 적어도 4~5개 포함함.	포스터가 주와 관련해 읽기 흥미로운 정보를 적어도 2~3개 포함함.	몇몇 정보가 누락됨.
그림	모든 그림은 주제와 관련이 있으며, 주제를 더 쉽게 이해하도록 도움.	그림 중 하나가 주제와 관련 없음.	그림 중 2개가 주제와 관련 없음.	그림이 주제와 관련 없음.
깔끔함	디자인, 레이아웃이 깔끔해서 특별히 매력적임.	디자인, 레이아웃이 깔끔해서 매력적임.	포스터가 그런대로 매력적이나 다소 깔끔하지 못한 부분이 있음.	포스터가 정돈되지 않고 디자인이 수준 미달임.
문법	문법, 구두점, 철자 오류가 없음.	문법, 구두점, 철자 오류가 1~2개 있음.	문법, 구두점, 철자 오류가 3~4개 있음.	문법, 구두점, 철자 오류가 4개 이상 있음.

류의 "루브릭"을 모든 과업에 사용하기도 한다. 표 2.1은 좋지 않은 루브릭의 유형을 보여주는데, 안타깝게도 꽤 흔하다.

이 과제는 주로 짝이나 모둠으로 구성된 학생들이 주어진 주제에 대한 정보를 담은 포스터를 제작하는 것이다. 아마 교사에게도 친숙하고 학교에서 자주 볼 수 있는 과제일 것이다. 저자는 위의 예시와 같이 미국의 주, 대륙, 캐나다의 주, 행성 또는 주기율표 원소 등에 관한 포스터를 제작하라는 과제를 본 적이 있다. 어떤 경우에는 학생들이 주, 대륙 등을 선택할 수도 있고, 어떤 경우에는 교사가 정해주기도 한다. 교사들은 일반적으로 학생이 정보를 찾아보면서 그것에 관해 "배우고 있다"라고 가정하지만, 포스터 과제는 이런 증거를 전혀 제공하지 않는다. 학생들이 백과사전이나 인터넷에서 '주'를 검색하고 관련 정보를 베낄 수 있다는 증거만 제공해줄 뿐이다. 해당 과제는 사실 포스터로 교실이나 복도를 꾸미면서 포스터에 있는 정보를 가지고 즐거운 시간을 보내는 것에 불과하다. 이는 학생들에게 목표로 하는 학습 성과를 보여줄 기회를 주지 않는, "무의미한" 과제의 좋은 예다.

정보 암기는 간단한 테스트 또는 퀴즈로 평가하는 것이 가장 좋은 방법이다. 포스터 제작은 학생들이 이러한 시험을 준비하는 데 도움이 되는 수업 활동이 될 수 있다. 혹은 미국의 주에 대한 단원을 학습할 때, 정보 암기 대신 해당 지역의 교육과정과 성취기준에 따라 다른 수업 활동이나 평가를 진행할 수도 있다. 어쨌든 이처럼 흔한 루브릭을 보면서 하지 말아야 할 것을 생각해보자. 표 2.1 같은 루브릭이 학생들에게 정말로 좋다고 생각하는 교사들이 많은데, 사실은 절대 그렇지 않다!

이러한 "루브릭"을 과제에 사용한다면, "짝과 함께 하나의 주를 선택하세요" 하는 것 외에 더 이상 지시 사항이 필요하지 않다. 이는 과제를 통해 보여주어야 하는 학습의 성과가 아니라 과제의 요구 조건만을 나열할 뿐이다. 오히려 학생들이 각자 사용할 수 있는 체크리스트와 비슷하다. 포스터에 6가지 정보가 있는지, 각각의 정보는 그림으로 설명되어 있는지, 깔끔하며 올바른 문법을 사용했는지 확인하는 것 자체에 문제가 있는 것은 아니다. 교사가 원한다면 이를 위한 도구, 즉 체크리스트를 만들어 제공하고 다음과 같이 학생들이 포스터 활동의 완성도를 스스로 평가하는 데 사용하면 된다.

'나의 주 포스터'는

_______ 6가지 사실을 담고 있다.

_______ 정보마다 관련된 그림이 있다.

_______ 깔끔하다.

_______ 올바른 문법을 사용한다.

학생들이 알아야 할 정보를 기억하고 있는지 아닌지는 별도 퀴즈를 통해 평가할 수 있다.

'나의 주 포스터' 루브릭은 각 평가요소에 대한 수행의 질적 수준과 관련해 또 하나의 흔한 오해를 보여준다. 개수를 세는 방식은 평가요소의 질적 수준을 구별하는 데 적절하다고 보기 어렵다. 만약 개수를 세는 것이 적절한 경우가 있다면, 그 기준은 학습 습관과 관련 있다(예: 학생이 숙제를 끝내는 빈도를 세는 것). 이와 관련해 7장에서는 빈도 수준을 사용해 학습 습관과 다른 학습 기술을 평가하는 평정 척도 제작 방법을 논의할 것이다.

때로는 학문적인 학습목표를 수치화해 측정하는 것이 바람직한 경우가 종종 있을 수 있다(예: 지문을 타자로 쳤을 때 오탈자 개수 세기). 그러나 대부분의 경우, 질적 수준을 설명하는 데 가장 좋은 방법은 실질적인 기술을 하는 것이다. 표 2.1의 포스터 루브릭 그림 항목의 4 수준에 관한 기술에서는 질적 설명("모든 그림은 주제와 관련이 있으며, 주제를 더 쉽게 이해하도록 도움")을 어느 정도 제공한다. '어떤 것의 이해를 돕는다'라는 것은 그림에 대한 실질적인 설명이다. 하지만 이러한 그림에 대한 묘사는 "그림은 있으나 이해에 도움이 안 됨" "그림은 있으나 오히려 혼동을 줌" 등과 같이 다른 수준에서 통일성 있게 나타났어야 했는데, 그다음 수준에서는 개수를 세는 것으로 바뀌었다. 개수를 세는 방식은 '정보'와 '문법'의 평가요소에도 사용되고 있다. 각 평가요소의 수행에 관한 실질적인 기술이 있는 기준은 '깔끔함' 항목뿐이다.

또한 포스터 과제에서 담고자 하는 정보마다 별도의 "평가요소"를 갖는 경우도 있다. 예를 들어, 아메리카원주민 부족에 관한 포스터를 만드는 수업에서 루브릭의 평가요소는 '부족 이름, 주거 유형, 위치, 복장, 음식 및 깔끔함/표기/창의성'이었다.

다시 말하지만, 포스터 또는 정보를 활용하는 활동에 반대하는 것은 아니다. 여기에서 문제는 학생들의 과제 수행에서 준수해야 하는 요구 사항의 개수를 세거나, 이를 나열하는(배움 중심이 아닌) 과제 중심 루브릭을 사용한다는 점이다. 그 결과 나온 "등급"은 배움이 아닌 순응에 대한 평가다. 학생들은 이 루브릭으로 최고 점수를 "득점"했지만, 사실 깔끔한 포스터를 만드는 방법 외에는 아무것도 모르고 있을 수도 있고, 많은 것을 이해하는 상태일 수도 있다. 그런데 교사는 학생들의 상태에 대해 알 수 없다. 루브릭도 이에 관해 알려줄 수 없다. 바로 이것이 문제다.

요약하자면, 과제와 관련된 평가요소를 가진 루브릭, 즉 수행에 관한 기술이 마치 지시 사항을 알려주는 체크리스트 같은 루브릭은 배움 대신 얼마나 지시 사항에 순응했는가를 평가한다. 수행에 관한 질적 기술 대신 개수를 세는 루브릭은 질이 아니라 어떤 것의 유무를 평가할 뿐이다. 대부분의 경우, 이는 목표로 하는 학습 성과가 제대로 평가되지 않았음을 의미한다.

루브릭과 평정 척도를 혼동하는 문제

루브릭과 관련해 흔히 발생하는 또 다른 문제는 교사가 평가요소를 정한 후 각 요소에 관해 평정 척도를 추가하고 그것을 "루브릭"이라고 부르는 것이다. 이러한 자료는 학교와 인터넷에 숱하게 많다. 유사하게는 평가요소마다 점수가 높을수록 나은 결과물을 뜻하는 수치 척도를 사용하는 경우도 있다. 찡그린 얼굴, 무표정한 얼굴 그리고 웃는 얼굴 같은 이미지를 사용하는 그래픽 척도는 루브릭의 가면을 쓴 평정 척도다.

예를 들어보자. 한 고등학교 사회과 교사가 학생들에게 학습 단원을 담은 강의 노트를 요약해서 프레젠테이션 슬라이드를 만들도록 했다. 각 그룹은 자신이 만든 슬라이드를 다른 학생들에게 보여주었다. 이것은 실제로 훌륭한 복습 활동이라고 할 수 있다. 학생들은 프레젠테이션 슬라이드에 들어갈 내용을 결정하기 위해 자료를 주제로 논의해야 하고 함께 작업해야 한다. 정리한 내용을 발표하고 다른 학생들의 발표를 듣는 과정을 통해, 학생들은 배운 사실과 개념을 반복하고 복습했을 것이다. 그러나 이 활동을 위해 제공된 루브릭에는 '내용, 이미지/슬라이드, 구두 발표'라는 3가지 평가요소가 있었다. 각각의 요소는 '우수, 좋음, 보통, 미흡'으로 구성된 척도로 평가된 후 빠르게 A, B, C, D의 성적으로 변환되었다.

자기성찰

배움의 증거에 관해 기술하지 않고 단순히 과제의 요구 사항을 요약하는 루브릭을 지양해야 한다는 주장을 들어본 적이 있나요? 만약 여러분의 학교에서 이 사안을 논의하기 시작했다면, 그 결과가 어땠나요? 이러한 주장을 처음 듣는다면, 이 주제에 관해서 지금 어떻게 생각하나요?

요약하자면, 기술적 척도descriptive scales 대신 판단적 척도evaluative scales가 쓰인 루브릭은 과제물의 질을 "채점"해 평가하므로 루브릭의 주요 이점을 놓치고 있다.

루브릭의 주요 기능은 수행에 관해 즉각적으로 판단을 내리기보다는 수행에 부합하는 설명을 찾도록 해주는 것이다. 우리 교사들에게 정말 중요한 것은 배움의 증거, 즉 배움이 제대로 일어났는지를 어떻게 확인할 수 있느냐의 문제다. 루브릭에 서술된 기술은 교사가 관찰하는 것(학생 과제, 즉 배움의 증거)과 학생의 배움에 대한 교사의 판단을 연결해주는 역할을 한다. 이 주요 기능을 활용하지 않을 바엔, 기술 없이 종이에 성적만을 표시하는 낡은 방식으로 돌아가는 것이 차라리 나을지도 모르겠다.

요약하기

2장에서는 루브릭에 관한 몇 가지 흔한 오해를 간단히 살펴보았다. 이를 통해 교사가 혼자, 혹은 학생들과 함께 루브릭을 작성할 때 빠질 수 있는 함정이 무엇인지, 그리고 이를 피할 방법은 무엇인지에 대한 안목을 키울 수 있기를 바란다. 다음 3장에서는 교실에서 사용할 수 있는 루브릭을 효과적으로 제작하고 선정하는 방법을 살펴보자.

다시 생각하기

1. 맞는 것을 골라봅시다.

1) 루브릭으로 평가해야 하는 것은 [결과물로서의 과제/과제를 통해 입증되는 학습 성과]이다.

2) 루브릭은 [기술적 척도/판단적 척도]로 쓰여야 한다.

2. 루브릭은 과제에서 요구하는 주요 사항 혹은 그것의 개수를 세는 것과 어떻게 다른가요?

• 답 : 1. 1) 과제를 통해 입증되는 학습 성과 2) 기술적 척도 2. 학생의 수행 수준에 관한 질적 기술이 있어야 하며, 학생이 배워야 할 것(학습 성과)을 제대로 배웠는지에 대한 피드백을 제공해 학습을 지원한다.

3

효과적인 루브릭 제작하기와 선정하기

이 3장에서는 혼자, 혹은 동료나 학생들과 함께 수업에서 학생들의 학습을 지원하는 루브릭을 만드는 방법, 그리고 기존에 만들어진 다양한 루브릭 자료 중에서 좋은 루브릭을 현명하게 고르고 사용할 수 있는 방법을 안내한다.

효과적인 루브릭을 작성하는 방법을 터득하면 루브릭을 보는 눈이 생긴다. 따라서 기존 루브릭 중에서 있는 그대로 사용할 수 있는 유용한 루브릭을 찾기가 쉬워지고, 목적에 맞는 쓸만한 루브릭을 고른 후 수정해서 사용함으로써 처음부터 제작하는 시간을 아낄 수 있다. 효과적인 루브릭이 어떻게 작성되고 제작되는지 이해한다는 것은 효과적이지 않은 루브릭을 식별할 수도 있다는 뜻이다. 루브릭을 직접 작성하든 다른 사람이 작성한 루브릭을 용도에 맞게 고쳐 쓰든, 우리가 집중해야 할 2가지는 평가요소와 수행 수준에 관한 설명이다.

적절한 평가요소는 어떻게 선정할까?

루브릭을 선정하거나 혼자 혹은 학생들과 함께 루브릭을 작성할 때, 가장 먼저 생각해야 할 질문은 다음과 같다. 루브릭으로 평가하는 과제를 훌륭하게 수행했을 때, 이를 평가할 수 있는 평가요소는 무엇인가? 학생과 교사가 과제를 통해 기대하는 바는 무엇인가? 루브릭 사용의 가장 가치 있는 측면 중 하나는 이러한 특성들을 명명하고 설명해서 학생들이 목표로 삼을 대상이 무엇인지를 알려준다는 점이다.

평가요소를 선정할 때는 과제가 평가하고자 하는 것을 염두에 두고 가장 적절하고 중요한 요소를 골라야 한다. 일반적으로 평가요소는 과제의 특성과 관련된 것(예: 표지, 유명인에 대한 보고서, 시각 자료, 참고 자료)이 아니라 과제가 보여주어야 하는 학습 성과의 특징과 관련된 것(예: 주제 선정, 유명인의 역사적 공헌도 분석, 적절한 역사적 사실 및 추론을 통한 근거 제공)이어야 한다. 이러한 평가요소는 학생들에게 배움이 일어났다는 증거를 찾기 위해서 어떤 측면을 살펴보아야 하는지 기술하기 때문에 궁극적으로 배움을 촉진할 수 있다.

적절성은 평가요소의 가장 중요한 선정기준, 즉, 효과적인 루브릭의 평가요소가 갖추어야 할 가장 중요한 자질이자 특성이다. 하지만 적절성이 전부는 아니다. 선정된 평가요소가 루브릭에서 유용하고 효과적으로 작용하려면, 평가요소는 정의할 수 있고 관찰할 수 있는 것이어야 한다. 또한 평가요소 간 구분이 명확해 개별적인 평가가 가능하면서도, 평가요소를 총체적으로 고려했을 때 수업 목표나 성취기준에 부합하는 수행이 어떠한 모습인지 완전하게 묘사될 수 있어야 한다. 마지막으로, 평가요소는 각 수행 수준에서 유의미한 설명이 가능하도록 높은 수준부터 낮은 수준까지 다양한 수준의 연속선상에서 나타날 수 있는 특성에 관한 것이어야 한다. 표 3.1은 수행을 평가하는 루브릭의 평가요소가 갖춰야 할 특성에 관해 간략하게 기술하고 있다.

학생들이 이미 습득했거나 과제의 주요 초점이 아닌, 이외의 특성이 "기저"에 있을 수도 있다. 새들러(Sadler, 1989)는 이러한 기준을 "잠재적 평가요소"라고 일컫는다. 예를 들어, 고등학교 과학 실험 보고서 쓰기 활동에서 학생들은 초등학교 때 배운 문장 작성 기술을 사용할 것이다. 기저에 있는 "문장 작성 기술"은 좋은 실험 보고서를 작성하는 데 전반적으로 중요한 기술인 것은 맞지만, 보고서를 평가하는 데 사용하는 루브릭 일부가 될 가능성은 크지 않다. 대부분의 경우, 고등학교 실험 보고서에 대한 적절한 평가요소는 과학 내용 이해, 탐구 과정 및 과학적 추론 이해, 기존 실험 보고서를 통해 알게 된 내용을 능숙하게 전달하는 것과 관련 있다. 즉, 효과적인 루브릭은 가능한 모든 평가요소를 나열하는 것이 아니라, 평가 목적에 적합한 요소를 나열한다.

표 3.1 — 수업에서 사용할 루브릭을 위한 바람직한 평가요소의 특징

평가요소의 특징 평가요소가……	설명
적절하다	각 평가요소는 학생들이 도달해야 하는 성취기준, 교육과정의 목표, 혹은 수업 목표의 한 측면을 보여준다.
정의 내릴 수 있다	각 평가요소는 학생과 교사가 모두 명확하게 이해할 수 있는 합의된 의미를 가진다.
관찰이 가능하다	각 평가요소는 평가 대상자가 아닌 다른 사람이 관찰할 수 있는(보통 보거나 들을 수 있는) 수행의 자질을 기술한다.
서로 구별된다	각 평가요소는 수행을 통해 평가하고자 하는 학습 성과의 여러 독립적인 측면을 서로 중첩되지 않게 알려준다.
완전하다	각 평가요소에 기술된 내용을 모두 합치면 수행을 통해 평가하고자 하는 학습 성과의 전체적인 모습을 볼 수 있다.
수행의 질을 연속선상에서 기술할 수 있다	각 평가요소는 여러 수행 수준의 범위에 걸쳐 기술된다.

평가요소를 정하려면, 평가하고자 하는 성취기준 혹은 수업 목표에서 명시하는 학습 성과가 무엇인지부터 생각하기를 바란다. 스스로 다음 질문을 해보자.

평가요소 선정 질문: 학생 과제의 어떤 특성이 이 성취기준(또는 수업 목표)에 명시된 지식이나 능력을 학습했다는 증거를 제공하는가?

이 질문에 대한 대답을 찾으면 대부분의 성취기준과 수업 목표에서 학생 과제를 구성하는 요소가 될 수 있는 특성이 무엇인지를 알게 된다. 예를 들어, 학생들이 "지문의 명시적인 내용을 분석하고, 이를 통해 도출된 추론을 뒷받침하는 증거를 지문에서 찾는 것"이 수업 목표[미국교육과정 공통핵심기준(CCSS: Common Core State Standards)의 영어 교과(ELA: English Language arts) RL.6.1]라면, 학생들은 다양한 과제에서 이를 적용할 수 있어야 한다. 지문을 읽고 쓰는 활동을 통해 질문에 대한 답을 작성할 수도 있고, 친구들과 토론 활동에 참여할 수도 있다. 또는 가상의 어린 학생에게 지문의 내용을 알려준다고 가정하고 설명할 수 있다. 한 구절을 읽은 후 해당 내용으로부터 끌어낼 수 있는 일반적인 결론과 추론적인 결론의 목록을 만들 수도 있다. 학생들은 두 지문을 비교하고 대조하는 것과 같은, 더 복잡한 과제에서 이 능력을 활용할 수도 있다. 게다가 이런 종류의 과업은 다른 지문을 기반으로도 얼마든지 수행될 수 있다.

하나의 성취기준에 관해서도 다양한 형태의 과제가 가능하므로, 학생들이 어떤 과제를 수행하든지 이 능력을 얼마나 잘 배웠는지를 보여줄 수 있는 수행의 특성, 즉, 모든 과제에서 공통적으로 일어나는 배움과 관련한 적절한 평가요소를 찾아야 한다.

수행 수준은 어떻게 기술할까?

수행 수준에 관한 기술을 작성할 때 가장 중요한 점은 학생의 수행에 관해 교사가 도출할 수 있는 질적인 결론이 아니다. 바로 과제 결과물에서 우리 교사가 관찰할 수 있는 것이 무엇인지를 묘사하는 언어로 기술해야 한다는 점이다. 앞서 2장에서도 언급했듯이, 루브릭에 대한 흔한 오해 중 하나가 바로 선정한 평가요소에 관해 평정 척도(예: 최우수, 우수, 보통, 미흡)를 제공한다는 것이다. 이것은 루브릭이 아니라 낡은 방식의 채점 척도grading scales일 뿐이다. 수행 수준에 관한 기술은 유사한 여러 과업에서 일반적으로 적용될 수 있는 내용(예: "적절한 해결 전략을 사용함")일 수도 있고, 특정 과업(예: "방정식 2x+5=15를 사용함")에 관한 내용일 수도 있다. 루브릭에서 수행 수준에 관해 기술할 때는 일반적인 설명이 필요한지, 특정 과업과 관련된 설명이 필요한지를 결정해야 한다(표 1.2 참조). 대부분 일반적인 설명을 선호하는 경우가 많다.

수행 수준과 관련해 두 번째로 결정할 요소는 수행 수준을 몇 개로 정할 것인가다. 원론적으로 말해, 수행에 관해 유의미한 질적 차이를 기술할 수 있다면 가능한 한 많은 수준을 사용하는 것이 이상적이다. 물론 간단한 과업의 경우에는 '통과/재실행', 혹은 '능숙/미숙'처럼 2개 정도의 수준이 적절할 수도 있다.

실제로 루브릭을 사용해 평가할 때, 통제되지 않은 평가 결과가 넘쳐나서 요약 정리가 불가능한 상황을 원하는 교사는 아무도 없다. 수행 수준을 더 많게 하거나 적게 해 수행의 질적 연속성을 설명할 수 있는 여러 방법이 있으므로, 가능한 채점 요건에 맞추어 수준의 개수를 정하는 것이 좋다(Brookhart, 1999, 2011). 대부분의 수업에서는 보통 4개(예: 우수, 능숙, 보통, 미흡) 혹은 5개(예: A, B, C, D, F) 수준 정도가 일반적이다. 현실적인 채점 제약 사항으로 인해 수준의 개수를 조율하는 것이 어렵다면, 평가요소와 이에 관한 기술을 무리해서 수정하기보다는 과업과 그 과업의 질에 대한 평가요소에 충실한 루브릭을 설계해놓고, 필요에 따라 그것을 최종 성적에 포함하는 방법을 연구하자(11장 참조).

수행 수준의 개수를 결정했다면, 평가요소별로 수준마다 수행의 질에 관해 기술해야 한다. 수행의 질을 기술할 때 흔히 사용하는 방법의 하나는 대부분 학생이 도달하기를 바라는 수행 수준(예: 능숙 수준)부터 기술한 후 나머지 수준을 그에 맞춰서 조정하는 것으로, 하위 수준으로(예: 보통과 미흡 수준) 내려갈 수도 있고 더 높은 수준(예: 우수 수준)으로 올라갈 수도 있다. 흔히 쓰이는 또 다른 방법은 가장 상위 수준에서 시작해(예: A 수준) 점점 내려오는 방법(예: B, C, D, F 수준)이다. 이러한 방법은 평가에 있어서 2가지 다른 접근법을 보여준다. 성취기준 기반 채점의 맥락에서 '우수'는 기대한 수준을 뛰어넘는 성취를 의미한다. 전통적인 채점 맥락에서의 'A' 수준은 흔히 학생들이 목표로 삼는 성취 수준이다. 스스로 다음 질문을 해보자.

수행에 관한 기술 방식 질문: 각 평가요소의 측면에서 보았을 때, 학생의 과제 결과물은 높은 수준부터 낮은 수준까지 수준별로 어떻게 다른 모습을 보이는가?

어떠한 수준(능숙 혹은 A)에서 기술을 시작하든지 간에, 서로 다른 수행 수준에 관해 기술한다는 것은 4~5개의 완전히 다른 설명을 작성하는 것이 아니라, 수행의 질적 수준을 연속선상에서 설명하는 것이다. 이때 각 수준은 구별 가능해야 한다. 즉, 수준마다 어떠한 차이가 있는지 기술되어야 하고, 이 차이가 학생 과업의 예시를 통해 나타나야 한다. 뒤의 표 3.2는 수행 수준에 관한 바람직한 기술의 특성을 요약하고 있다.

수행을 기술할 때는 학생이 성공에 이를 다양한 방법을 허용하는 관점에서 기술해야 한다. 잘 만들어진 일반적 루브릭은 학생들의 수행 방식을 지나치게 제한하거나 억누르지 않는다. 이와 관련해 5학년 학생 일화 하나를 살펴보자(Chapman & Inman, 2009).

> 과학 과제를 완수해야 하는 11살짜리 아이가 있었다. 부모는 아이를 도와주고 싶어서 프로젝트를 더 잘할 수 있도록 몇 가지를 제안했는데, 이에 대한 아이의 반응은 다음과 같았다: "아니에요, 그건 루브릭에 없잖아요. 엄마, 여기 루브릭을 보세요. 이것만 하면 된다고요."

채프먼과 인먼Chapman & Inman은 이 일화를 통해 루브릭이 창의성과 메타인지 발달을 제한한다고 주장하는데, 저자는 이 부분에 동의하지 않는다. 잘못된 루브릭이 창의성과 메타인지 발달을 제한하는 것이지, 루브릭 자체가 그렇게 하는 것이 아니기 때문이다. 이런 루브릭은 2장에서 설명한 "지시 사항" 제시 유형에 속한다. 채프먼과 인먼은 해당 루브릭이 "특정 요소의 유무"를 따지는 표라고 설명했다. 이 책에서 제시한 루브릭의 정의에 따르자면, 이 루브릭에는 평가요소별 수행의 질적 수준에 관한 설명이 없으니 사실 루브릭을 가장한 체크리스트였다고 할 수 있다.

표 3. 2 — 수업에서 사용할 루브릭을 위한 바람직한 수행 수준별 기술의 특성

특성 수행 수준별 설명은……	설명
기술적임	과제를 수행할 때 관찰되는 모습을 기술한다.
명확함	학생과 교사가 모두 이해할 수 있도록 기술한다.
수행 수준의 전 범위를 다룸	평가요소별 수행의 질적 수준을 나타내는 연속선의 한쪽 끝(가장 하위 수준)에서 반대쪽 끝(가장 상위 수준)까지 기술한다.
수준별 구분이 가능함	수행에 관한 설명은 수준별로 차이가 분명해 과제가 확실하게 분류된다. 과제 예시를 수행 수준별 기술과 연결 짓는 것이 가능해야 한다.
목표로 하는 수행 수준(예: 수용 가능, 능숙, 통과 수준)이 적절함	목표로 하는 수행 수준을 성취기준, 교육과정 목표, 혹은 수업 목표에서 기대하는 수준으로 설정한다.
과제의 동일 요소에 대해 수준별로 기술함.	주어진 성취기준의 수행에 관한 수준별 기술은 한 과제의 동일한 요소에 대해 질적인 차이를 나타낸다.

수행 수준에 관해 기술할 때는 어휘를 주의 깊게 잘 골라서 써야 한다. 수행 수준별 기술이라는 용어에서 알 수 있듯이, 학생의 수행은 연속선상에 있는 모든 수준에서 기술되어야 한다. 이때 평가 용어(최우수, 우수, 보통, 미흡 등)는 사용하지 않는다. 연속선상의 수준은 내용 및 등급 수준에 해당하는 현실적인 기대를 반영하고, 그 범위 내에서 가능한 모든 수준에 관한 기술을 포함해야 한다. 예컨대 예상되는 목표를 완전히 벗어난 하위 수준의 학생 과제물은 없을 것이라 예상하더라도 해당 수준을 포함해야 한다는 뜻이다.

또한 기술되는 내용은 해당 수준에 적합해야 한다. 예를 들어, 성취기준 기반 루브릭에서 '능숙' 수준에 해당되는 수행 설명은 성취기준, 수업 목표 또는 목적에 제시된 성취 수준에 부합해야 한다. 기술된 내용은 명확해야 하고, 수준마다 동일한 수행요소에 기반을 두어야 한다. 수학 교과의 문제 해결과 관련된 루브릭의 평가요소 중 '문제 파악'을 예로 들어 생각해보자. 해당 평가요소의 능숙도에 관한 기술 중 "수학 문제의 요구 사항에 부합하는 방식으로 문제를 서술하고 있음"이 있다면, 평가요소의 각 수준에는 학생들이 어떻게 수행하는지에 관한 기술이 있어야 한다. 해당 수행요소의 부족함을 보여주는 사례의 경우, "문제를 서술하고는 있으나 수학적 언어를 사용하고 있지 않음" 또는 "문제를 서술하고 있지 않음"과 같이 기술할 수 있다.

루브릭 설계의 일반적인 접근법 2가지

루브릭 설계의 접근법에는 하향식과 상향식 2가지가 있다(Nitko & Brookhart, 2011). 2가지 접근법이 반드시 같은 루브릭으로 이어지는 것은 아니다. 목적에 가장 적합한 접근법을 선택하면 된다. 새로운 개념과 기술을 배우는 과제를 위해서는 하향식 접근법이 더 효과적이다. 학생들에게 과제 예시를 주고 예시를 보면서 해당 평가요소와 수행 수준을 사용해 루브릭과 친숙해지는 과정을 갖도록 하면 학생들은 어떤 과제물이 바람직한지 좀 더 수월하게 이해할 수 있다. 학생들이 이미 친숙한 일반적인 학습 결과물을 만들어내야 하는 경우라면 상향식 접근법을 사용해 학생들과 함께 루브릭을 제작하는 것이 제일 좋다.

하향식 접근법

평가 내용과 수행을 설명하는 개념적 틀에서부터 시작하는 연역적 방식이다. 교육과정이나 성취기준에 의도하는 내용과 수행이 명확히 규정되어 있다면 하향식 접근법을 사용하는 것이 좋다. 하향식 접근법의 진행 단계는 다음과 같다.

1. 성취를 위한 개념적 틀을 제작(또는 기존 자료에서 수정)한다. 이 틀에는 목표로 하는 성취 수준에 관한 기술(예: 좋은 이야기 글이란 무엇인가?), 궁극적으로 가르치려고 의도했던 것, 학생들이 보여주길 원하는 자질(성취 영역이나 평가요소)에 대한 전반적인 개요가 모두 포함되어야 한다. 이때 개요는 평가요소마다 학생의 수행을 우수 수준부터 미흡 수준까지 연속선상에서 기술하고 있어야 한다.
2. 평가 영역과 수행 수준을 사용해서 일반적 채점 루브릭을 작성한다. 이를 위해 분석적(평가요소마다 별도의 척도) 혹은 총체적(모든 평가요소를 전체적으

로 고려하는 하나의 척도)으로 평가요소를 구성하고 각 수행 수준에 관해 기술한다. 일반적인 루브릭은 학생들에게 공유할 수 있으며, 또 공유해야 한다. 수학 문제 해결 과제에 관한 루브릭을 제작한다고 가정해보자. 루브릭의 평가요소 중 하나가 "수학적 내용 지식"이라면, 일반적인 루브릭에 다음과 같이 기술할 수 있다. "문제 해결 방식이 주요 수학 개념과 원리에 대한 이해를 보여줌." 이 경우, 학생들이 수학 개념과 원리를 깨우치게 하는 것(예: "나는 이 문제가 거리, 비율 및 시간의 관계에 관한 내용이고 그것이 핵심 개념이라는 것을 알고 있다")이 학습 일부가 된다.

3. 채점하고자 하는 특정 학습목표를 위해서 일반적 루브릭을 조정해도 된다. 예컨대, 일반적 루브릭의 "문제 해결을 통해 주요 수학 개념 및 원리에 대한 이해도를 보임"을 세부 목표 채점에 초점을 맞추기 위해 "문제 해결을 통해 거리, 비율 및 시간의 관계에 대한 이해도를 보임"이라고 조정할 수 있다.
4. 일반적 루브릭이든, 특정 학습목표에 맞게 고쳐 쓴 루브릭이든 해당 루브릭으로 몇몇 학생의 수행을 평가해본 후, 필요에 따라 최종 용도에 부합하도록 수정한다(Nitko & Brookhart, 2011, pp.267~268).

상향식 접근법

상향식 접근법은 귀납적 방식, 즉, 학생 과제의 사례들을 기반으로 평가의 틀을 제작한다. 평가 내용과 수행에 관한 기술을 아직 작성 중이거나 학생들이 평가도구를 만드는 데 참여하길 바란다면 상향식 접근법을 사용한다. 진행 단계는 다음과 같다.

1. 학생들의 실제 과제물을 충분히 마련한다. 이때 학생 과제물은 모두 루브릭을 통해 평가하고자 하는 수행(예: 수학 문제 해결)과 관련 있는 것이어야 하지만, 가능하다면 다양한 과제 사례에서 가져오는 것이 좋다(Arter & Chappuis, 2006). 그 이유는 루브릭이 특정 과제가 아닌(예: 하나의 특정한 수학 문제) 일반적인 학습 성과에 관한 내용과 수행 기술을 반영해야 하기 때문이다.
2. 과제물을 질에 따라 3가지 범주(상·중·하)로 분류한다. 교사가 해도 되고 학생들이 직접 해보는 것도 가능하다. 학생들이 이 작업을 직접 하려면 과제와 연관된 개념과 설명에 어느 정도 익숙해져야 할 필요가 있다. 그렇지 않은 경우, 학생들이 사고 수준이나 역량 증명 같은 측면보다는 깔끔함 혹은 형식 같은 표면적인 측면에 근거해 분류하게 될 수도 있기 때문이다.
3. 각 과제물이 해당 범주에 분류된 이유를 구체적으로 작성한다. 교사가 해도 되고 학생들이 하는 것도 가능하다. 단순히 문제를 잘못 풀었다고 쓰기보다는 "해결 방안과 무관한 정보를 사용했다", "면적을 구해야 했는데 부피 문제로 접근했다" 등 오류가 무엇인지 밝히고, 왜 잘못되었는지 구체적으로 작성하도록 하자.
4. 과제물에 관해 기술한 내용을 비교·대조해보면서 평가요소 혹은 영역을 추

출한다. 예를 들어, 학생들이 과제와 관련 있는 정보를 사용하고 있는가 혹은 무관한 정보를 사용하고 있는가에 관한 기술이 여러 개 있다면 '문제와 연관된 정보 식별'이 하나의 영역이 될 수 있다.

5. 4의 단계에서 확인된 평가요소에 관해 영역에 따라 각 수준에 필요한 수만큼 과제의 질을 기술한다. 분류 작업 때 사용했던 범주가 3가지였다면 그 범주를 그대로 사용해도 되지만, 몇 개의 수준으로 구분하는 것이 유용한지, 혹은 채점 등의 목적에 적절한지에 따라 4~5개 또는 6개의 수준을 사용할 수도 있다(Nitko & Brookhart, 2011, p.268).

평가요소 선정과 수행 수준 기술 작성하기: 엉뚱한 사례

루브릭 제작의 첫 번째 사례로 다소 엉뚱한 예시를 한번 살펴보자. 교사가 연기를 가르치고 있는데, 학생들이 큐사인과 동시에 바로 웃을 수 있는 것이 수업 목표라고 가정해보자. 배우들이 이렇게 바로 웃어야 하는 텔레비전 프로그램 혹은 영화의 한 장면을 생각해보면, 웃음은 최종적으로 제출하는 산출물이라기보다는 하나의 수행이자 과정이라고 볼 수 있다. 이 수업 목표를 위해서 교사는 학생들에게 〈배트맨〉 영화의 조커나 크리스마스 영화의 산타클로스처럼 배우들이 웃는 영상을 보여주고 스스로 웃는 연습을 하게 할 수 있다. 어느 시점에는 학생들이 이 "과제"를 정의하고 개선하고 마침내 평가까지 할 수 있도록 평가요소를 개발하는 것을 도울 수도 있다. 이 예시로 동료 교사들과 함께 루브릭 제작 실습을 재미있게 해보면 어떨까?

웃음에 대한 평가요소는 다양할 수 있겠지만 음량, 지속 시간 및 몸짓을 예로 살펴보자. 저자는 동료 연구자와 함께 3개의 평가요소로 실험하고, 평가요소별로 어떻게 수행 수준에 관해 기술했는지를 표 3.3에 정리했다. 이 루브릭의 내용을 보면 사실 말장난 같아서 우습겠지만, 심혈을 기울여 만든 이유는 각 수행 수준 기술에서 필요한

표 3. 3 — 웃음에 관한 루브릭

기준	수행 수준			
	4단계 시끄럽게 웃음	3단계 소리 내어 웃음	2단계 킥킥 웃음	1단계 조용히 웃음
음량	사람들의 주의를 끌거나 성가시게 할 만큼 웃음소리가 큼. 혹은 웃음소리가 너무 커서 다른 소리가 전혀 들리지 않음.	웃음소리가 무례할 정도로 크고, 같은 방 안 누구라도 들을 수 있는 정도임.	웃음소리가 정중하고 예의를 지키는 수준이고 중간 정도의 음량으로 가까운 곳에 있는 사람들이 들을 수 있는 정도임.	웃음소리가 가까이 있는 사람들에게만 들리는 정도임.
지속 시간	웃음이 끊이지 않고, 웃는 사람 혹은 친구가 의도적으로 웃음을 멈추게 할 때까지 계속됨	웃음이 시들해졌다가 웃긴 일이 또 생각난 것처럼 다시 웃으며 웃음의 주기가 여러 차례 반복됨.	높은음으로 떨리듯 웃고 키득거리다가 피식 웃으며 웃음의 주기가 최소 한 번 반복됨.	잠시 코웃음을 치거나, 픽 웃거나, 킥킥거림.
몸짓	어깨를 들썩이거나 머리를 위아래로 흔들고, 몸을 떨면서 구부리거나 넘어지는 등(이외에도 다양한 방법으로) 몸 전체를 움직임.	광대가 올라감. 얼굴 외에 적어도 하나의 신체 부위가 움직임. 어깨가 들썩이고 머리가 뒤로 젖혀지기도 함.	입을 벌리고 미소를 지음.	입을 벌리고 있을 수도, 닫고 있을 수도 있음.

추론의 정도가 다 다르다는 사실을 보여주기 위한 것이다.

이 루브릭에 기술된 내용 일부는 저추론적low-inference이다. 즉, 관찰 내용이 어떤 것을 의미하는지에 관해 관찰자가 결론을 도출하거나 많이 추론할 필요가 없다. 예컨대 "입을 벌림"이라는 기술의 의미에 관해 관찰자가 결론을 도출하거나 추론할 필요가 없다. 동일한 인물이 웃는 것을 관찰한다면, 대부분의 관찰자가 그 사람이 입을 벌리고 있는지 아닌지에 관해 동의할 것이다.

하지만 심지어 이러한 설명도 완전히 객관적이지는 않다는 점에 주목해보자. 입술이 얼마나 떨어져 있어야 "벌림"이라고 묘사할 수 있을까? 이 예시가 엉뚱하다고 생각하는가? 맞다. 하지만 기술의 객관성을 논하기에는 교사의 확고한 의견이 존재할 수 있는 학생 과업의 어떤 측면에 관해 이야기하는 것보다 웃는 입 예시가 훨씬 좋다. 기술의 요점은 의견을 내게 하는 것이 아니라 살펴보게 하는 것, 그리고 본 것을 기록하도록 만드는 데 있다.

이 루브릭에 기술된 내용 중에는 고도의 추론high-inference이 필요한 것, 즉 관찰자가 관찰한 것에 관해 결론을 도출하거나 추론해야 하는 것도 있다. 예를 들어, "웃음소리가 크다"라는 기술은 그다지 추론이 필요 없지만 "무례할 정도로"라는 기술은 많은 추론이 필요하다. 즉, 웃음이 무례하다고 보이려면 얼마나 크게 웃어야 하는지는 사람마다 다른 결론을 내릴 수 있다.

수행 수준을 기술할 때 추론이 수반되지 않도록 하는 게 좋겠다고 말할 수도 있겠지만, 유감스럽게도 현실적으로 그러기는 어렵다. 중요한 자질을 평가하려는 목적을 달성하면서도 최대한 추론이 필요하지 않도록 수행을 기술한다고 해보자. 이렇게 하다보면 객관적으로 보이는 내용도 어느 정도의 추론을 요구하는 경우가 대부분이라는 것을 알게 된다. 예컨대, 쓰기 보고서의 평가요소 중 '언어 사용'의 '능숙' 수준에 관한 설명으로 다음과 같은 문구를 흔히 볼 수 있다. "언어 사용에 사소한 오류가 다소 있으나, 의미를 전달하는 데 지장이 없음." 여기에는 추론이 필요하다. "다소 있으나"는 어느 정도일까? 독자에게 의미가 불명확한 문장이란 어느 수준까지를 의미하는가?

중요한 것은, 설명을 작성할 때 지나치게 해석의 여지를 제한하기보다 전문가가 어느 정도의 추론을 통해 판단할 수 있도록 하는 게 낫다는 점이다. 모든 추론 가능성을 낮추려 하다가(예: 문법 오류 3개 등) 적절한 판단을 할 수 있는 여지를 없애면 안 된다. 루브릭에서 기술의 역할은 평가요소를 질적 수준의 연속선상에서 파악할 수 있도록 하는 것이다. 사소한 문법 오류가 3개인 글은, 오류는 1개밖에 없으나 짧은 단문으로만 작성한 글보다 오히려 훨씬 "복잡"하고 "정교"한 영어 의사소통 역량을 보여줄 수 있다. 이 대목에서 여러분이 '그렇구나! 글의 "복잡함"과 "정교함"을 판단하는 것에도 추론이 필요한 것이구나!' 하고 생각할 수 있기를 바란다. 만약 그렇다면, 핵심을 제대로 파악한 것이다. 학생이 무엇을 알고 있고, 무엇을 할 수 있는지를 보여주었을 때 추론하지 않고 비판적으로 생각할 수는 없다. 그런데도 추론을 전혀 할 필요가 없는 루브릭을 제작하려 한다면, 2장에서 살펴본 것처럼 다소 지엽적인 내용에만 치우치게 된다.

평가요소 선정하기와 수행 수준 기술 작성하기: 실제 사례

이번에는 하향식 접근법을 사용한 사례를 통해, 루브릭을 설계할 때 초안을 작성하고 수정하는 것이 얼마나 중요한지를 보여주겠다. 커트니 코바치Courtney Kovatch 교사는 미국 펜실베이니아주 키타닝 자치구에 있는 웨스트힐스초등학교에서 3학년 학생을 대상으로 동물의 서식지와 생애주기에 관한 과학 단원을 가르치면서, 학생들에게 짝 활동으로 동물의 생애주기를 조사하고, 그 내용을 주제로 포스터를 제작해 구두로 발표하도록 했다.

루브릭 초안 단계. 코바치 교사는 생애주기 프로젝트를 위한 루브릭을 제작했다. 완성된 과제물에서 보고자 하는 특징을 평가요소로 삼아서 성취를 위한 개념적 틀을 개발했고, 학생들에게 과제와 함께 루브릭을 주었다. 프로젝트를 시작하기 전과 진행 중에도 학생들과 함께 루브릭을 주제로 논의했다. 먼저 전체 활동으로 몇 가지 예시를 살펴본 후, 포스터를 제출하기 전에 짝 활동으로 루브릭을 사용해 자기평가와 수정 작업을 했다. 학생 대부분이 제출 전에 포스터를 수정할 수 있었고 개선된 사항에 관해 설명할 수 있었다. 자기평가 활동이 이에 큰 도움이 된 것으로 보인다.

뒤에 나오는 표 3.4가 이 루브릭의 초안이다. 우선 루브릭을 어떻게 개선할지 배울 수 있도록 유익한 사례를 공유해준 코바치 교사에게 감사의 마음을 전한다. 본격적인 논의에 앞서 이 루브릭에 기술된 내용을 먼저 읽어보자. 혹시 개선해야 할 사항을 이미 발견한 독자도 있겠다. 하지만 이를 예시로 선택한 이유는 이 루브릭의 일부는 잘 디자인된 루브릭을 본보기 삼아 만들어진 게 분명하고 많은 장점을 가진 훌륭한 예시이지만, 동시에 수정 작업을 통해 개선해볼 사항도 많기 때문이다.

이 루브릭은 평가요소와 수행 수준에 관한 기술이 있으므로 진정한 루브릭이다. 평가요소는 다음 질문들을 다룬다. 학생 과제물의 어떤 특징이 성취기준(혹은 수업 목표)에 명시된 목표 지식 혹은 기술을 배웠다는 증거가 될 수 있는가? 구체적으로, 수업 목표가 동물이 생애주기를 갖고 있음을 이해하고 조사 활동을 통해 동물의 생애주기를 찾아보는 것이라면, '순서'(어떠한 "주기"에서든 중요한 개념), '삽화'(이해를 나타내는 중요한 요소), 그리고 '생애주기 단계의 설명'이라는 3가지 평가요소가 적절하다. 마찬가지로, 수행 수준에 관한 기술은 '학생의 과제물이 하나의 평가요소에서 수준별로(높은 수준에서 낮은 수준까지)

어떤 질적인 차이가 있는가?'라는 질문에 대한 대답이 되어야 한다. 마지막으로, 코바치 교사는 평가요소의 가중치를 어느 정도 고려해 '생애주기 단계의 삽화'와 '생애주기 단계의 설명'에 더 많은 점수를 부여함으로써 이 2가지 요소를 더 중요시했다. 목표로 하는 학습 결과를 고려했을 때, 가중치를 둔 것은 적절한 선택이었다.

표 3. 4 — 생애주기 프로젝트의 루브릭 초안

	6점	4점	2점	0점
포스터 제목		포스터 제목이 명확하고 철자가 정확하며 대문자 사용이 적절함.	포스터에 제목이 있으나 오류가 있거나 가독성이 떨어짐.	제목 없음.
생애주기 단계의 순서		모든 생애주기 단계의 순서가 정확하며 각 단계의 명칭을 정확히 제시함.	생애주기 단계의 순서에 하나 혹은 그 이상의 오류가 있음.	미포함.
생애주기 단계의 삽화	각 생애주기 단계를 나타내는 삽화를 명백히 제시함.	생애주기 단계의 삽화 중 1~2개가 누락됨.	생애주기 단계의 삽화 중 2개 이상 누락됨.	미포함.
생애주기 단계의 설명	단계마다 최소 2가지의 구체적인 정보를 제공함.	단계마다 하나의 구체적인 정보를 제공함. 단계 중 하나 혹은 그 이상이 누락됨.	단계마다 구체적인 정보가 하나밖에 없거나 전혀 없음. 많은 단계가 누락됨.	미포함.
전반적인 포스터 모습		포스터가 매우 깔끔하고 체계적이며 제목과 모든 문장의 철자, 대소문자, 구두점이 정확함.	포스터가 어느 정도 깔끔하고 체계적이나 철자, 구두점, 대소문자에 다소 오류가 있음. 전반적으로 성의가 부족해 보임.	포스터가 지저분하고 오류가 많으며 색칠이 안 되었거나 미완성 상태임. 전반적으로 성의가 전혀 없어 보임.

*출처: 커트니 코바치 교사(3학년 담당), 미국 펜실베이니아주 키타닝 소재 웨스트힐스초등학교. 사전 허락을 받고 수록함.

루브릭 수정하기 단계. 다음에 제시된 사항을 반영해 수정한다면 더 효과적인 루브릭이 될 것이다.

- 루브릭에서 구성 방식(포스터 제목, 전반적인 포스터 모습)과 관련된 평가요소를 빼내서 학습 습관으로 다룰 것
- 점수를 능숙도 수준으로 바꿀 것
- 수행 수준 기술에서 개수를 세는 내용을 줄이고 실질적인 설명을 더 포함시킬 것

그 결과가 표 3.5의 루브릭이다.

평가요소를 보자. 과학 수업의 목표는 학생들이 동물에게 생애주기가 있음을 이해하고 조사 활동을 통해 동물의 생애주기를 찾아보는 것이었다. 평가요소 중 3가지(생애주기 단계의 순서, 삽화, 설명)는 이 목표에 부합하므로 수정된 루브릭에도 그대로 남아 있다. 이 평가요소들을 하나로 통합(동물의 생애주기에 대한 이해도)할 수도 있다. 나머지 2가지 평가요소(포스터 제목, 전반적인 포스터 모습)는 구성 방식과 영어의 기술적 사용(대소문자, 구두점)에 관한 것이었고, 노력과 학습 습관(깔끔함, 성의)도 일부 포함되었다. 그런데 이는 과학 교과와 관련된 성취라고 볼 수 없다.

영어의 기술적 사용mechanics에 관한 항목은 개별적으로 평가되고

채점될 수 있으며 그 결과는 학생들의 영어 실력 정보를 제공할 수 있다. 그러나 이는 교사가 의도한 본래 수업 목표가 아니다. 영어의 기술적 사용을 평가한다면 이를 별도의 평가요소로 삼으면 된다. 깔끔함과 성의는 학습 습관으로 평가되어야 하며, 학업 성취도 점수와는 별도로 제시되어야 한다.

코바치 교사는 실제로 영어의 기술적 사용을 평가할 의도가 없었다. 그 평가요소가 루브릭에 있었던 이유는 단순히 교사가 그것이 중요하다고 생각했기 때문이었다. 과학과 무관한 요소들은 과학 성적에 반영하기보다는 깔끔함, 제목, 대소문자 사용, 구두점 등을 확인하는 체크리스트를 별도로 사용하면 된다. 혹은 자기평가나 동료평가를 위한 체크리스트를 만들어주고 학생들이 과제를 제출하기 전에 확인해보도록 할 수 있다. 일부 교사는 학습 습관과 관련된 요소를 루브릭에서 제거해도 학생들이 여전히 깔끔하게 과제를 작성해 제출할지를 의심한다. 하지만 모든 포스터가 렘브란트의 예술 작품 같지는 않더라도, 학생들은 "깔끔함에 성적을 부여하는" 시스템하에서 과제를 했을 때 못지않게 깔끔하게 만든다. 체크리스트나 다른 도구를 보조로 사용한다면 더욱 그럴 것이다. 게다가 프로젝트 점수가 본래 평가하고자 한 성취기준이나 목표를 더 정확히 반영할 것이므로, 결과적으로는 학생들이 얻는 것이 더욱 많다.

표 3.5 — 생애주기 프로젝트의 루브릭 수정안

	우수	능숙	보통	기초
생애주기 단계의 순서		모든 생애주기 단계 순서가 정확하며 단계의 이름을 정확히 제시함.	생애주기 단계 순서에 하나 혹은 그 이상의 오류가 있음.	순서가 명시되어 있지 않거나 정확하지 않음.
생애주기 단계의 삽화	단계별로 동물에게 어떠한 현상이 일어나는지 알려주는 삽화를 명확하고 구체적으로 제시함.	단계별로 동물에게 어떠한 현상이 일어나는지 알 수 있도록 도와주는 삽화를 제시함.	단계별로 제시된 삽화 중 몇 개가 해당 단계에서 동물에게 어떠한 현상이 일어나는지 보여주지 않음.	생애주기 동안 동물에게 어떠한 현상이 일어나는지 삽화가 보여주지 않음.
생애주기 단계의 설명	단계별로 정확한 설명을 제시함. 설명의 완결성 및 구체성이 돋보임.	단계별로 정확한 설명을 제시함.	단계를 설명하는 데 있어서 부정확하거나 완결성이 부족한 정보를 사용함.	단계에 대한 설명이 누락되었거나, 부정확한 정보를 사용함.

수행 수준을 보자. 코바치 교사의 원래 의도는 루브릭 표의 점수를 더해서 학교에서 일반적으로 사용하는 백분율 점수를 구하는 것이었다. 이를 위해, '제목', '순서' 및 '전반적인 포스터 모습' 평가 요소에 6점 대신 4점을 부여하는 것은 합리적이었다. 그러나 이와는 다르게 저자는 루브릭 채점을 위해서는 점수와 백분율을 사용하지 않을 것을 권장한다. 점수와 백분율을 사용하는 것은 과제에 대한 관찰과 판단의 요소를 없앰으로써 루브릭의 강점을 약화할 뿐 아니라, 그 결과가 실제 학생의 수행이나 성취와 일치하지 않는 경우가 많기 때문이다. 이에 관해서는 10장에서 더 자세히 논의하겠다. 수

정된 루브릭은 점수 대신 능숙 수준[우수, 능숙, 보통, 기초(원문에는 '능숙에 가까움'으로 되어 있으나 이 등급에 해당하는 국내 용어인 '보통'을 사용한다-옮긴이)]을 사용하는데, 이렇게 하면 해당 수준에 부합하는 기술을 작성할 수 있다. 평가요소 중 하나인 '생애주기 단계의 순서'에는 '우수'에 해당하는 수준이 없다는 점에 주목해보자. 유기체의 생애주기 단계 순서에 대한 이해는 '능숙' 수준에서 보여줄 수 있는 특징이다. 생애주기에 관한 더 높은 수준의 이해도는 삽화 및 설명 기준에서 구현될 수 있다.

수준별 수행에 관한 설명을 살펴보자. 표 3.4와 표 3.5를 비교해보면, 수준별 수행에 관한 기술이 대폭 수정되었다. 먼저 개수를 세는 방식("하나의 단계", "하나의 구체적인 정보") 대신 실질적인 판단을 할 수 있는 내용으로 수정했다. 이렇게 하면 정확성이 떨어진다고 생각할 수도 있겠으나 오히려 평가를 더 정확하게 할 수 있게 한다. 동물마다 생애주기가 다르고 특정한 단계 또는 세부 정보가 다른 단계나 정보보다 더 중요한 경우도 있기 때문이다. 수정된 기술은 단순히 학생들이 다른 곳에서 베껴온 정보가 몇 개인지 세는 것 대신에, 그들이 작성한 내용이 조사 주제에 대한 이해도를 얼마나 잘 보여주는지를 파악하게 해준다. 이렇게 하면 동물의 생애주기에 대한 학생의 이해도를 더욱 더 정확하게 평가할 수 있다. 더 나아가 학생들이 내용을 읽은 후 나름의 해석을 거치지 않고 단순히 사실을 베껴 쓰는 일을 방지한다.

둘째, 수정된 루브릭에서는 '우수' 수준의 수행에 관해 단순히 요구되는 것 이상을 기술할 수 있는 여지가 생겼다. 학생들은 미리 루브릭을 볼 수 있으므로, 여력이 된다면 더 구체적이고 복잡한 설명을 포함할 수 있다는 것을 알게 된다. 루브릭 초안에서는 학생들이 선택한 동물의 생애주기 단계를 나열하고, 단계별로 2가지 정보를 단순히 베낀 후 삽화를 추가하는 것 이상의 수행을 할 필요가 없었다. 하지만 루브릭 수정안은 학생이 그 주제를 얼마나 깊이 탐색해보았는지 교사와 학생 자신이 평가하도록 하고, 궁극적으로 심도 있는 탐색 활동을 장려한다.

자기성찰

학생에게 배움이 일어났는지를 보기보다는 과제에 대한 지시를 하기 위해 루브릭을 사용하지는 않았나요? 그렇다면 이 책에서 생애주기 프로젝트의 루브릭을 수정한 것과 비슷한 방식으로 여러분의 루브릭도 수정해보세요. 동료 교사와 함께 루브릭을 수정하면서 이 3장에서 제기된 사항을 논의할 수 있다면 훨씬 좋습니다.

요약하기

이 3장에서는 루브릭 제작하기와 인터넷이나 다른 출처에서 찾은 루브릭 고쳐 쓰기에 도움을 주기 위해, 평가요소를 선정하고 수행 수준을 기술하는 방법을 제시했다. 다음 4, 5, 6장에서는 교수학습의 목적에 따라 효과적인 3가지 종류의 루브릭에 관해서 논의할 것이다.

다시 생각하기

1. 루브릭을 위한 바람직한 평가요소의 특징 6가지는 무엇일까요?
2. 맞는 것을 골라봅시다.
   성취를 위한 개념적 틀을 기반으로 루브릭을 설계하는 것은 [상향식/하향식] 접근법이고, 학생 과제의 사례를 기반으로 루브릭을 설계하는 것은 [상향식/하향식] 접근법이다.

• 답 : 1. 적절함, 정의 내릴 수 있음, 관찰 가능함, 타 요소와 구별됨, 모든 요소를 합하면 완전한 수행이 됨, 수준별 기술이 연속선상에서 이루어짐.   2. 하향식, 상향식

4

기본 능력 평가를 위한 일반적 루브릭

일반적 루브릭은 글쓰기와 수학 문제 해결처럼 시간이 지나면서 발달하는 기본 능력을 평가하는 데 특히 유용하다. 이 4장은 이런 기본 능력을 위한 일반적 루브릭에 관한 설명으로 시작한다. 글쓰기와 수학 문제 해결 모두, 루브릭에 어떤 역량이 담겨야 하는지는 합의되어 있다.

쓰기의 경우, 좋은 글이란 무엇인지를 주제로 한 6+1 특성 글쓰기(교육자가 학생 작문에 대해 명확하고 일관된 증거 기반 피드백을 제공할 수 있도록 구조화한 글쓰기 평가 루브릭이다. 글을 쓰거나 지도하는 과정에서 필요한 특성 6가지, 즉 아이디어, 글의 구조, 문체, 단어 선택, 문장의 유창성, 어문 규범에 발표 방식을 더해 평가요소로 선정했으며, 오래전부터 사용되어온 평가 방식이다-옮긴이) 루브릭의 명료한 서술이 널리 인정받고 있다. 최근에는 수학 분야에서도 좋은 문제 해결이 무엇인가에 관한 의견이 하나로 모이고 있어서 현재 다양한 평가 루브릭이 존재한다. 대부분 그다지 차이 없이 비슷한 경향을 보인다. 1989년 이후 당시 전미수학교사협회NCTM(National Council of Teachers of Mathematics, 1989)의 성취기준에서 전략적 지식과 수학적 의사소통 능력을 수학적 지식만큼 중요한 것으로 강조하면서 이 2가지 역량이 수학 문제 해결의 일반적인 평가요소로 포함되었다.

이 4장은 저자가 개발한 서면 보고서 작성과 창의성을 위한 일반적 루브릭에 관한 설명으로 마무리할 것이다. 보고서 작성과 창의성은 학교 교육을 기반으로 하는 중요한 능력인데, 이에 관한 루브릭이 제대로 마련되지 않은 경우가 종종 있다. "창의성" 루브릭이 진정한 창의적인 기량에 관한 것이라기보다는 예술적 표현에 관한 루브릭인 경우가 바로 그런 예라 할 수 있다. 이 주제에 관해서는 독자의 의견, 제안, 추가 예시를 언제든지 환영한다.

글쓰기: 6+1 특성 글쓰기 루브릭

이 루브릭은 수십 년간 교사, 학교, 교육청, 교육부 차원에서 널리 사용되면서 이제는 학생의 글쓰기를 평가하는 표준화된 방법으로 자리 잡았다.

이 루브릭이 효과적이라는 근거

이 단락에서는 학생의 수행 결과물이 어떤 특성을 가져야 하는지를 루브릭이 명확하게 보여줄 때 수업과 평가, 그리고 학습의 질이 향상된다는 주제를 다룬다. 6+1 특성 글쓰기 루브릭의 효과는 전문가 의견과 연구 결과를 통해 입증되었다. 이 루브릭은 미국 전역의 글쓰기 교수학습법을 바꿔놓았다고 해도 과언이 아니다.

주디 아터Judy Arter는 6+1 특성 글쓰기 루브릭을 광범위하게 연구해온 연구자이자 전문개발자다. 그에게 나는 '명확한 루브릭은 교수학습에 도움이 된다'라는 견해와 '6+1 특성 글쓰기 루브릭이 이에 부합하는 가장 좋은 사례'라는 견해를 어떻게 생각하는지 의견을 물어본 적이 있다. 다음은 그의 대답이다(아터와의 개인적인 대화, 2011. 11. 21).

> 저는 6+1 특성 루브릭이 글쓰기뿐만 아니라, 학교 평가에 관한 우리의 사고방식을 바꿔놓았다고 생각합니다. 그 루브릭으로 인해 제가 평가를 바라보는 시각이 분명히 바뀌었지요. 1980년에 사람들은, "우리는 쓰기를 평가할 수 없다. 쓰기를 평가하는 것은 너무 주관적이기 때문이다"라고 말하곤 했습니다. 그다음에는 수학 문제 해결 능력을 그렇게 생각했지요. 이제 사람들은 "쓰기

와 수학 문제 해결 능력은 당연히 평가할 수 있지만, 비판적 사고는 평가할 수 없다"라고 말합니다. 하지만 ______을 평가하기 위해 우리가 해야 할 일은 좋은 ______은/는 무엇인지 글로 정의를 내리고, 그것을 반복적으로 시도하고, 계속 수정하고, 사례를 수집하는 것입니다. 특히 정의 내리기가 매우 까다롭거나 어려운 학습목표에 대해 이러한 시도를 많이 하면 할수록 우리는 더 좋은 평가를 할 수 있게 될 것입니다.

피어슨평가훈련협회Pearson Assessment Training Institute의 회장 잰 샤푸이Jan Chappuis는 1980년대 초에 자신이 퓨젓사운드 쓰기프로그램Puget Sound Writing Program(온라인을 기반으로 제공되며 사회적으로 각계각층의 다양한 목소리를 반영해 편견 없는 글쓰기를 지향하는 작문 지침 프로그램-옮긴이)을 통해 어떻게 작문을 가르쳐야 하는지 배웠다고 했다. 그러면서 이 글쓰기 과정이 혁신적이라고 느꼈는데도 이후 학생들과 면담하면서 글을 수정하도록 지도하는 것에는 여전히 많은 문제가 있었다고 했다(샤푸이와의 개인적인 대화, 2011. 12. 19).

6+1 특성 루브릭이 이룬 성과는 교사 각자가 여기서 하나 저기서 하나 각각 작업한 것을 따로따로 다루지 않고, 이를 한데 모아 글쓰기 영역을 정의했다는 점입니다. 제가 글쓰기에 관해 가르치고자 했던 모든 요소를 이처럼 모두 모아놓은 것은 처음 봤어요. 6+1 특성 글쓰기 루브릭은 교사들에게는 잘 가

르칠 수 있는 지침을 제공하고, 학생들에게는 무엇을 피드백 받기를 원하는가를 기반으로 이들의 작문에 피드백하는 방법을 알려주는 가이드 역할을 했어요. 그러면서 더 철저하고 더 일반화된 방식으로 교사와 학생의 수요를 충족시키는 훌륭한 역할을 했지요.

주디 아터, 잰 샤푸이, 그리고 수많은 연구자와 교사, 학교, 교육청은 6+1 특성 글쓰기 루브릭이 글쓰기의 특성을 명확하게 하고, 교수학습을 더 쉽게 한다는 것을 경험했다. 이것은 연구를 통해서도 입증되었다. 최근 시행된 국가 지원 연구(Coe, Hanita, Nishioka, & Smiley, 2011)에는 미국 오리건주 74개 학교의 교사 196명과 학생 4,000명 이상이 참여했다. 연구자들은 6+1 특성 글쓰기 루브릭 모형에 관한 전문적 교사연수를 이수한 교사들과 그렇지 않은 교사들에게 배운 학생들의 에세이 점수를 비교했다. 해당 연구는 학생들의 과거 작문 수행 경험과 학교 특성(빈곤 수준, 평균 작문 연습 시간, 교사의 경력과 작문 지도 경험) 변인을 모두 통제했다. 또한 특정 수준의 학생들로 구성된 학교라는 것을 고려한(학교마다 공립/사립 등 설립 형태와 지역 특성에 따라 최상위권이나 최하위권 학생 분포가 높은 경우가 있을 수 있어서 이를 감안했다는 의미로 이해하면 된다-옮긴이) 통계 모형을 사용했다.

이러한 최신식 통계 분석 결과, 6+1 특성 글쓰기 모형을 사용한 학생의 작문 성적이, 작지만 안정적인 효과를 보여주는 0.109라는 효과 크기 추정치를 보이며 유의미하게 향상되었다. 6가지 특성 중 '글의 구조, 문체, 단어 선택' 3가지 항목에서 학생들의 점수가 유의미하게 향상됐다. 다른 3가지 특성(아이디어, 문장의 유창성, 어문 규범)에서는 성취도가 좋아진 것으로 평가됐지만, 통계적으로 유의미할 정도는 아니었다. 이 연구에서는 6+1 특성 글쓰기 모형과 관련된 선행 연구 2개보다 더 정교한 연구 방법을 사용했다. 이 선행 연구 중 하나(Arter, Spandel, Culham, & Pollard, 1994)에서는 학생들의 쓰기 실력이 향상되었고, 다른 연구(Kozlow & Bellamy, 2004)에서는 향상되지 않았다.

평가요소와 수행 수준

6+1 특성 글쓰기 루브릭은 1980년대에 노스웨스트교육연구소Education Northwest(educationnorthwest.org)와 함께 작업한 교사들에 의해 개발되었다. 이들의 주된 작업은 좋은 글의 6가지 특성을 규명하는 것이었는데, 그 6가지(+1가지) 특성은 다음과 같다.

- 아이디어
- 글의 구조
- 문체
- 단어 선택

- 문장의 유창성
- 어문 규범
- (발표 방식)

"+1"의 평가요소인 '발표 방식'은 잘 다듬어진 최종 글을 발표하는 것이 의도했던 학습목표에 포함된 경우에 사용된다.

원래 평가요소에는 5가지 수행 수준이 있었는데, 6가지 수행 수준이 기술된 최신 버전이 개발되어 능숙도(능숙/미숙)에 따라서도 나눌 수 있게 되었다. 책 뒤에 수록된 부록 A에 3~12학년(한국 학제로는 초등학교 3학년~고등학교 3학년에 해당한다 – 옮긴이) 단계의 6+1 특성 글쓰기 루브릭을 실어두었다. 이 루브릭에는 세로축에 각 수행 기술의 구성요소가 구분되어 있고, 가로축은 수준별 수행 수준을 쉽게 비교해 볼 수 있게 되어 있다. 또한 학생들도 자신의 글에서 특정한 특성을 어떻게 개선해야 하는지 알기 쉽도록 구성했다.

노스웨스트교육연구소는 유치원생~초등학교 2학년 학생들을 위한 6점 만점의 6+1 특성 글쓰기 루브릭 버전도 구성했는데, 부록 B에 실려 있다.

수행 영역에서의 글쓰기

6+1 특성 글쓰기 루브릭에 익숙하지 않다면, 먼저 자세히 루브

릭을 읽은 후에 학생들의 작문에 적용해보기를 제안한다. 이 루브릭을 사용해서 학생의 작문을 검토해보면, 이 루브릭이 학생 작문의 본질과 그 본질을 전하기 위한 학생의 언어 활용에 관해 교사가 얼마나 잘 집중할 수 있게 만드는지 알 수 있다.

또한 학생들이 6+1 특성 글쓰기 루브릭에 익숙하지 않다면, 학생들에게 루브릭과 함께 작문 예시를 수준별로 제공하고, 특성을 한 번에 하나씩(예를 들면, '아이디어') 소개하는 것이 좋다(Arter et al., 1994). 잰 샤푸이는 6+1 특성 글쓰기 루브릭은 글쓰기를 가르치는 교사가 정형화된 작문 수업 너머 글쓰기의 본질까지 깊이 파고들게 해준다고 말했다(샤푸이와의 개인적인 대화, 2011. 12. 19).

> 학생들에게 이건 5점, 저건 5점을 준다고 했을 때, 좋은 글에 관한 교사의 생각은 명확하게 드러나지 않지요. 그러나 6가지 특성 루브릭은 이러한 문제를 손쉽게 해결해줍니다. ……'아이디어'라는 특성에서 고려해야 할 것은 2가지로 초점과 세부 사항, 즉 주제의 핵심과 뒷받침 내용으로 나누어집니다. 학생들에게 주제를 한정하는 방법을 어떻게 가르쳐야 할까요? 주제 문장과 뒷받침 문장을 쓰는 방법에 관해 많이 가르친다고 해서 잘할 수 있는 것은 아니지요. 학습목표인 중심 생각에 관해서 가르칠 때는 주제를 한정하고, 주제를 뒷받침하는 연습을 하도록 하는 것이 더 낫습니다. 범위가 한정된 주제를 먼저 제공하고, 주제를 뒷받침할 수 있는 흥미롭고 중요한 세부 사항을 어떻게 고를

수 있는지 가르치세요. 그에 관해 간단한 수업을 해보는 겁니다. 각 특성의 주된 내용이 무엇인지 질문을 해보고, 세부 영역으로 나누어서 가르쳐보고, 그 세부 영역에 관해서 학생들이 자기평가를 해보도록 하는 것도 좋습니다. 학생의 글에 구조상 문제가 있는 경우는 주제의 범위를 제대로 한정하지 못했을 가능성이 큽니다. 저는 6+1 특성 루브릭이 평가와 교수에 유용할 뿐만 아니라, 문제를 진단하고 어디서부터 글을 수정해야 할지 알려주는 데도 유용하다고 생각합니다.

6가지 특성(혹은 '발표 방식'을 포함하면 7가지)마다 학생과 교사가 각 요소의 의미에 집중하게 하는 핵심 질문과 글이 갖춰야 할 특징을 나타내는 4~6개의 구성요소가 있다는 것에 주목하기를 바란다. 이를 명확히 하기 위해, 각 구성요소는 A, B, C, D 등으로 기호화되어 있다. 여기서 말하는 구성요소는 이 책에서 사용하는 평가요소criteria 또는 특성traits과는 다른 개념으로, 좋은 글이 '갖춰야 할 것들', 즉 평가요소를 위한 지표를 말한다.

예를 들어, '아이디어'라는 특성에 대한 핵심 질문은 "글이 주제에서 벗어나지 않고, 독자에게 새로운 정보나 관점을 제공하는가?"이다. 이 루브릭은 '아이디어' 특성의 측면에서 좋은 글이 갖추어야 할 5가지 구성요소를 명시한다. (a) 중심 생각, (b) 세부 사항, 증거, 뒷받침, (c) 추론/사고, (d) 독자에 대한 인식/참여, (e) 근거 및 출처.

이 구성요소들은 예시 제작, 특정 목표를 위한 설명, 학생들의 글쓰기 과정 연습, 자기평가, 동료평가, 그리고 교사의 피드백에 유용하다.

효과적인 루브릭 디자인의 예시

6+1 특성 루브릭은 "루브릭"이라고 불리는 이 새로운 도구가 무엇을 할 수 있는지, 또 무엇을 해야 하는지를 알려주었다. 그러기에 글쓰기의 교수학습에 혁명적 변화 그 이상을 가져왔다. 이 6+1 특성 글쓰기 루브릭은 루브릭을 만들 때 빠지기 쉬운 2가지 함정을 피할 방법을 보여주기 때문에 다른 종류의 루브릭을 설계할 때도 도움이 된다.

첫째, 루브릭을 기술할 때 개수 세기나 그 밖의 다른 정형화된 접근을 어떻게 피할 수 있는지 보여준다. 둘째, 1가지 유형의 모범 답안만을 위한 제한적인 기술을 피하면서, 양질의 글이 나올 수 있는 다양한 접근 방식이 가능한 수행 설명을 작성하도록 도와준다. 이 2가지 방법의 공통점은 과제가 무엇을 달성해야 하는지를 기술하는 것이다. 6+1 특성 글쓰기 루브릭은 각 특성에 관해서는 핵심 질문을 사용하는 방식으로, 또 각 구성요소에 관해서는 좋은 글이 독자에게 어떤 영향을 주는지를 설명하는 방식으로 과제가 달성해야 하는 목표를 기술한다.

이 같은 과정이 어떻게 진행되는지를 가장 잘 보여주는 좋은 예시는 아마도 문법에 대한 평가일 것이다. 이 루브릭은 교사나 다른 교육자들에게 문법을 평가할 때 오류를 세는 것 말고 어떤 방법이 있는지 보여준다. 핵심 질문(이 책 부록에 나온 루브릭 상단의 핵심 질문 내용을 참고하라-옮긴이)에서 알 수 있듯이, '어문 규범'(철자, 문장부호, 대문자 사용, 문법과 용법, 참고문헌 기술 등을 말한다-옮긴이) 특성에서는 문법 자체보다는 오히려 글쓴이가 전달하고자 하는 의미를 독자가 이해하려면 얼마나 많은 수정이 필요한가가 더 중요한 문제다. '우수'에 해당하는 수행 수준(6단계)도 "오류 없이 창의적인 어문 규범을 사용해 가독성을 향상시킴. 사실상 수정이 필요 없음"이라고 기술하고 있다. '우수'에 해당하는 글의 수준은 "오류가 전혀 없는" 글이 아니라 "잘 읽히는" 글이다.

과제가 무엇을 달성해야 하는지를 기술하는 방식을 보여주는 또 하나의 좋은 예시는 '글의 구조' 특성이다. 이 특성은 좋은 글에 이르는 경로가 매우 다양할 수 있다는 것을 보여준다. 많은 초등학교 교사가 학생들에게 문단 쓰기를 가르칠 때, 주제 문장으로 시작해 뒷받침하는 3가지 세부 사항을 나열하고 결론 문장으로 끝내는 정형화된 방식으로 접근한다. 이것이 나쁜 방법은 아니지만, 잘 구성된 문단을 작성하는 유일한 방법은 아니다. 마찬가지로, 일부 고등학교 글쓰기 수업에서는 의례적으로 다섯 문단 에세이 형

자기성찰

여러분은 수업에서 6+1 특성 글쓰기 루브릭을 사용하나요? 학교에 다녔을 때 6+1 특성 글쓰기 루브릭을 사용해 글쓰기 하는 방법을 배웠나요? 이 루브릭과 관련해서는 어떤 경험을 해보았나요?

식을 가르치는데 역시나 이 방법이 나쁘다는 것은 아니지만 꼭 이대로 해야만 하는 것은 아니다. '글의 구조' 특성에 관한 핵심 질문은 의미를 이해하기 위한 읽기, 즉 "글의 구조가 아이디어를 강화하고, 이해하기 쉽게 만드는가?"이다.

수학 문제 해결 능력을 위한 루브릭

수학 교사들은 효과적인 수학 문제 해결의 자질이 무엇인지 다들 동의하는 것처럼 보인다. 연구조사나 미국의 주 단위 시험, 수업에서 사용되는 루브릭을 보면, 현재 수학 문제 해결 능력을 평가하기 위한 다양한 루브릭은 '수학적 개념 및 절차적 지식(수학적 지식), 전략적 지식, 수학적 의사소통'이라는 3가지 측면을 사용한다는 것을 알 수 있다. 다른 수학 문제 해결 능력 평가 루브릭도 여전히 많이 보이지만, 대부분 이 3가지 측면을 사용한다. 때로는 개념적 지식과 절차적 지식을 별도의 평가요소로 분리하기도 한다.

레인, 리우, 앤켄맨, 스톤(Lane, Liu, Ankenmann, Stone, 1996)은 수학 문제 해결 평가 연구를 위해 당시 미국 캘리포니아주 교육부 평가프로그램에서 사용한 루브릭을 기반으로 해서 보완된 루브릭을 사용했는데, 그들이 고려한 각 평가요소의 속성은 다음과 같다.

- 수학적 지식: 문제의 수학적 개념 및 원리 이해, 수학적 용어 및 표기법 사용, 알고리즘의 실행, 정확한 계산.
- 전략적 지식: 관련 있는 외부 정보 사용, 문제의 요소와 요소 간 관계 식별, 풀이 과정 사용, 해당 풀이 과정의 체계성 및 완성도.
- 수학적 의사소통: 응답의 완성도, 설명과 기술의 명확성, 다이어그램(표, 그래프 등)의 적절성, 청중과의 의사소통, 논거(논리 및 뒷받침)의 타당성.

르네 파커Renee Parker 교사는 3학년 학생들에게 펜실베이니아학교평가시스템PSSA에서 높은 점수를 받을 수 있도록 대비하는 문제 풀이와 풀이 과정 작성법을 가르치는 과정에서, 위에서 언급한 구성요소가 매우 중요하다는 것을 깨달았다(Parker & Breyfogle, 2011). 파커 교사는 PSSA에 공개된 문항들과 일리노이주 교육부 웹사이트에서 찾은 학생 친화적인 루브릭을 기반으로 문항 세트와 관련된 루브릭을 직접 개발했다. 파커 교사는 일리노이주의 루브릭을 3학년 학생들에게 적합하도록 조정했는데, 대명사 대신 명사(예를 들어, "그것" 대신 "그 문제")를 사용했다. 모든 동사가 단순시제와 능동형이 되도록 했고, 초등학교 수학 수업에서 사용하는 용어와 일치하도록 일부 단어를 변경했다. 표 4.1은 파커와 브레이포글Parker & Breyfogle이 만든 초등학교 수학 문제 해결 능력 평가를 위한 학생 친화적 루브릭이다. 이 루브릭은 수학적 개념, 전략적 지식의 계획 및 사용, 그리고 문제 풀이 과정 기술을 평가한다. 이것은 레인과 그의 동료들뿐만 아니라, 캘리포니아주, 펜실베이니아주, 일리노이주, 그리고 여기에 모두 인용할 수조차 없을 정도로 수많은 학교, 교육청, 교육부에서 사용하는 것과 같은 문제 해결 요소들이다.

파커와 브레이포글은 자신들의 프로젝트 제목을 "수학에 관해 쓰는 법 배우기"라고 지었다. 파커 교사가 이 프로젝트를 시작한 이유는 학생들이 문제를 해결할 수는 있었지만, 추론 과정을 설명하는 데 어려움을 겪고 있다는 사실을 알았기 때문이다. 따라서 학생들이 가장 많이 향상해야 할 영역은 수학적 의사소통 영역이었고, 실제로 그 분야에서 가장 많이 노력하도록 했다. 5주가 끝날 무렵에는 평균보다 잘하는 상위권 학생들뿐만 아니라 평균이거나 평균보다 못하는 학생들도 자신의 추론 과정을 설명할 수 있게 되었다. 이는 루브릭 자체가 이루어낸 성과가 아니다. 이 성과를 가능하게 한 것은 이어진 수업 활동과 개별 면담에서 루브릭을 사용한 것이다. 이는 학생들이 평가요소에 관해서, 또 자신과 급우들의 수행이 해당 평가요소를 어떻게 충족시키는지를 함께 이야기하도록 도움으로써 가능했다.

파커 교사가 루브릭을 어떻게 사용했는지는 10장에서 다시 설명할 테지만, 이 4장에서 보여주는 목적은 루브릭이 어떻게 구성되었는지를 분석하기 위해서다. 앞에서 언급했듯이, 이 루브릭은 학생 친화적이다. 1인칭 시점을 사용했고, 학생의 관점에서 학생이 이해할 수 있는 언어로 작성되었다. 이 루브릭은 "학생 친화적인 언어"가 단순히 쉬운 어휘를 의미하는 것이 아니라, 학생들이 자신의 수행 결과물에 관해 생각해보는 방식으로 기술되어야 한다는 것을 보여주

표 4.1 — 수학 문제 해결 능력 평가를 위한 루브릭

점수	**수학 지식 증명**(문제를 정확하게 해결할 수 있는가?)	**문제 해결 전략 사용**(문제를 어떻게 해결하는가?)	**설명 작성**(자신의 문제 해결 과정을 설명할 수 있는가?)
5	• 나는 **정답**을 알아낸다. • 나는 **실수 없이** 문제를 해결한다.	• 나는 문제에 있는 **중요한 정보를 모두** 사용한다. • 나는 문제를 해결하기 위해 사용한 **모든 단계**를 보여준다. • 나는 문제를 어떻게 해결했는지 보여주기 위해 **그림**을 그린다.	• 나는 내가 **무엇**을 했는지와 **왜** 했는지를 쓴다. • 나는 내 문제 해결 과정의 **각 단계**를 설명한다. • 나는 **수학 용어와 전략**의 이름을 사용한다. • 나는 마지막에 **답을 완전한 문장**으로 쓴다.
4	• 나는 **정답**을 알아낸다. • 나는 문제를 해결하지만 **몇 가지 작은 실수**를 한다.	• 나는 문제에 있는 **중요한 정보를 대부분** 사용한다. • 나는 문제를 해결하기 위해 내가 사용한 **대부분의 단계**를 보여준다.	• 나는 내가 **무엇**을 했는지를 쓰고, **왜** 했는지에 관해서 일부 쓴다. • 나는 내 문제 해결 과정의 **대부분**을 설명한다.
3	• 나는 **답의 일부**를 알아낸다. • 나는 문제를 해결하려고 노력하지만, **몇 가지 주요한 실수**를 한다.	• 나는 문제에 있는 **중요한 정보 중 일부**를 사용한다. • 나는 문제를 해결하기 위해 내가 사용한 **단계의 일부**를 보여준다.	• 나는 내가 **무엇**을 했는지, **또는 왜** 했는지에 관해 조금 쓰지만, 둘 다에 관해서는 쓰지 않는다. • 나는 내 문제 해결 과정의 **일부**를 설명한다.
2	• 나는 문제를 해결하려고 노력하는데, 문제를 잘 **이해하지 못한다.**	• 나는 문제에 있는 **중요한 정보를 거의 사용하지 않는다.** • 나는 문제를 해결하기 위해 내가 **사용한 단계를 거의 보여주지 않는다.**	• 나는 **앞뒤가 맞지 않는** 문제 해결 과정을 쓴다. • 나는 **명확하지 않은 답안**을 쓴다.
1	• 나는 문제를 해결하려고 **시도하지 않는다.**	• 나는 문제를 해결하기 위해 내가 사용한 **단계를 하나도 보여주지 않는다.**	• 나는 문제를 어떻게 해결했는지에 관한 **어떠한 설명도 쓰지 않는다.**

※출처: "수학에 관해 쓰는 법 배우기(Learning to write about mathematics)"(R. 파커와 M. L. 브레이포글, 2011), 온라인 자료, 「아동에게 수학 가르치기(Teaching Children Mathematics)」, 18(2), 허가받고 재인용함.

는 좋은 예시다. 이처럼 학생 친화적인 언어는 단순히 글을 쓰는 방식의 문제가 아니라, 학생의 사고방식에 관한 것이다.

학생의 관점으로 사고를 표현하는 이 루브릭에서 가장 의미 있는 부분은 '수학 지식 증명' 수행의 수준에 관한 기술이다. 어른의 관점에서 작성된 수학 문제 해결 루브릭에서는 "수학적 개념과 원리에 대한 이해를 보여준다", "적절한 용어와 표기법을 사용한다", "알고리즘을 완전하게, 정확하게 실행한다" 같은 용어로 학생의 문제 해결 과정을 기술한다. 그러나 학생들에게 "수학적 개념과 원리에 대한 이해"를 스스로 평가하라고 할 수는 없다. 그것은 외부 관찰자가 내려야 하는 판단이다. 이 학생 친화적인 루브릭은 이해의 개념을 교사가 관찰하는 것에서 학생이 수행하는 것으로 뒤집었다. 그래서 "나는 ……을 알아낸다"라는 표현을 사용한다. 수학적 개념과 원리에 대한 학생의 이해는 문제에 대한 해답을 "알아내는" 과정에서 드러나는 것이다.

또 다른 2가지 평가요소인 '문제 해결 전략 사용'과 '설명 작성'에서도 이러한 뒤집기 원리, 즉 교사인 어른이 관찰하는 것이 아니라, 학생이 무엇을 할 것인지를 설명하는 원리가 유사하게 적용된다. 예를 들어, "나는 중요한 정보를 모두 사용한다……"라는 말은 학생이 문제의 중요한 요소를 모두 파악했다고 평가자가

자기성찰

만약 여러분이 초등학교 교사라면, 교실에서 '수학 문제 해결 능력 평가를 위한 루브릭'을 사용하면 어떨지 상상해볼까요? 여러분이 중학교나 고등학교 수학을 가르친다면, 학생들을 위해 이 루브릭을 어떻게 수정할 수 있을까요?

판단했을 때 학생이 무엇을 하는가를 의미한다. 수학 지식에 대한 평가요소만큼 명확하지는 않겠지만, '문제 해결 전략 사용'과 '설명 작성'이라는 이 2가지 평가요소도 학생들이 자신의 문제 해결 과정에 관한 생각을 표현할 수 있도록 학생 친화적인 언어로 표현할 수 있다.

서면 보고서 작성을 위한 루브릭

서면 보고서는 다양한 교과에서 중요한 과제 유형이다. 일반적으로 교사가 서면 보고서를 과제로 제시하는 의도는 학생들이 주제에 관한 사실과 개념을 배우고 자료를 그대로 베끼는 것이 아니라 분석하고 처리해 어떤 질문에 대한 답을 찾거나 자신의 방식으로 재구성한 후, 학기 말 논문이나 보고서 형식으로 결과를 전달하게 하는 것에 있다. 이는 보고서 내용, 사고 과정, 보고서 작성이 모두 중요한 평가요소임을 의미한다. 표 4.2의 루브릭에 이러한 평가요소가 반영되어 있다.

이 루브릭에는 학기 말 보고서나 다른 서면 보고서를 어떻게 평가해야 하는가에 관한 저자의 생각이 변화하는 과정도 반영되어 있다(Brookhart, 1993). 그동안 다른 교사들과 학생들과의 연구, 그리고 동료 연구(Arter & Chappuis, 2006)에서 나타난 발전적인 결과 덕분에

표 4. 2 — 서면 보고서 프로젝트를 위한 일반적 루브릭(특정 프로젝트를 위해서 수정 가능)

	내용	추론과 논거	명료성
4	논지가 분명함. 다양하고 풍부한 자료와 증거가 논지를 뒷받침함. 모든 자료가 논지와 관련이 있으며 세부적인 내용을 포함함. 정확한 정보를 담고 있음. 적절한 출처를 참조함.	제시된 정보는 자료가 뒷받침하려는 글쓴이의 생각과 분명하고 명시적인 관련이 있음. 정보가 논리적인 방식으로 구성되어 있으며 간결하게 표현됨. 글의 흐름이 자연스러움. 글의 시작, 전환, 그리고 연결 내용이 독자/청자가 따라가기 쉽게 작성됨.	문법 및 용법(단어 사용)에서 오류가 거의 없음. 사소한 오류가 있으나 의미를 방해하지 않음. 문체와 단어 선택이 매우 효과적이고, 의미가 잘 드러나게 함. 해당 프로젝트에 적합한 문체와 단어를 선택함.
3	논지가 분명함. 적절한 양의 자료와 증거가 논지를 뒷받침함. 대부분의 자료가 논지와 관련이 있고 세부적인 내용을 포함함. 대부분 정확한 정보를 담고 있으며, 정확하지 않은 부분은 사소하고, 글쓴이의 생각을 밝히는 데 방해가 되지 않음. 적절한 출처를 참조함.	자료가 뒷받침하려는 글쓴이의 생각과 제시된 정보가 서로 관련이 있는 것은 분명하지만, 그 연관성이 모두 명확하게 설명되지는 않음. 정보가 논리적인 방식으로 구성되어 있고 흐름이 적절함. 글의 시작, 전환, 그리고 연결 내용의 상당 부분이 독자/청자가 따라가기 쉽게 작성됨. 자연스럽지 않게 전환되는 부분이 있으나, 의도를 전달하는 데 지장이 없음.	문법 및 용법의 오류가 다소 있음. 오류가 있으나 의미를 방해하지 않음. 문체와 단어 선택이 대부분 효과적이고, 해당 프로젝트에 적합함.
2	논지가 다소 불분명함. 자료와 증거의 일부만이 논지를 뒷받침함. 일부 자료는 관련성이 있지만, 일부는 관련이 없음. 세부 사항이 부족함. 정보에는 일부 정확하지 않은 내용이 포함되어 있음. 최소한 출처의 일부는 적절함.	일부 정보는 자료가 뒷받침하려는 글쓴이의 생각과 관련이 있지만, 어떻게 연관되는지는 설명되지 않음. 일부 구조는 분명하지만, 정보가 완전히 논리적으로 구성되어 있는 것은 아님. 글의 흐름이 끊김. 글의 시작과 전환, 연결되는 내용이 빠졌거나 부족함.	문법 및 용법의 중대한 오류가 의미를 방해하기 시작함. 문체와 단어 선택은 단순하고 단조로우며, 혹은 그다지 효과적이지 않거나 적절하지 않음.
1	논지가 불분명함. 대부분의 자료가 전체적인 주제와 관련이 없거나, 부정확함. 세부 사항이 부족함. 적절한 출처를 참조하지 않음.	정보는 자료가 뒷받침하려는 글쓴이의 생각과 아무 관련이 없음. 글의 구성이 논리적이지 않고 글의 흐름을 파악할 수 없음. 상관없는 자료들이 나열되어 있음.	문법 및 용법의 중대한 오류로 인해 의미가 불분명함. 문체와 단어 선택이 효과가 없거나 부적절함.

※출처: 『학생들에게 어떻게 효과적인 피드백을 줄까?(How to give effective feedback to your students?)』 (수전 M. 브룩하트, 알렉산드리아, VA: ASCD, 2008), pp.63-64, 재인용함.

유사한 능력의 평가를 위해서는 일반적 루브릭을 반복적으로 사용하는 것이 학습에 도움이 된다고 나는 확신하게 됐다. 일반적인 분석적 루브릭은 '종합적인 역량을 보여주는 훌륭한 보고서 작성'이라는 과업에 어떤 평가요소가 있는지 학생들이 정의할 수 있게 하고, 그 평가요소를 위해 질 높은 수행을 하려면 무엇을 해야 하는지에 관한 기술에 집중하게 한다. 따라서 일반적인 분석적 루브릭은 채점뿐만이 아니라 학습에도 도움이 된다.

학생들은 이 루브릭을 다른 보고서에 사용하면서, '내용'(글에 논지가 있는가? 상세하고 정확하며 관련 있는 자료로 논지를 뒷받침하는가? 적절한 출처에서 자료를 얻었는가?), '추론과 논거'(논리적으로 작성했는가? 작성한 세부 사항이 요지를 분명히 뒷받침하고 있는가? 독자가 나의 추론을 따라올 수 있는가?), 그리고 '명료성'(분명하게 작성했는가?) 등 보고서의 구성요소에 초점을 맞추는 법을 배운다.

이외에도 학생이 루브릭을 사용해 학습하며 자신의 학습을 돌아보게 하는 전략은 이 책의 9장과 10장에서, 채점을 위해 루브릭을 사용하는 전략은 11장에서 다루고 있다. 여기서는 일부 서면 보고서의 경우, '내용' 평가요소는 가중치를 2배로 줄 수 있다고 언급하는 수준에서 그치겠다. 현재는 이 루브릭의 수행 수준 기술이 매우 일반적이라, 보고서 작성 같은 기본적인 능력에 관해 여러 번 반복적으로 사용될 수 있다는 것을 아는 것으로도 충분하다.

창의성을 평가하는 루브릭

창의성creativity은 모든 종류의 서면, 구두, 그래픽 결과물을 위한 과업 기반 루브릭에서 하나의 평가요소로 포함되는 일반적인 능력이다. 이 글을 읽는 교사들은 "잠시만요! 창의성을 어떻게 평가할 수 있죠? 창의성이란 말로 표현할 수 없는 특성, 즉 순간적인 통찰력으로 마음속에서 떠오르는 영감이 아닌가요?" 하고 말할지도 모르지만, 사실은 그렇지 않다. 물론 창의적인 사람들은 순간적인 통찰력을 가지고 있긴 하다. 그러나 그들의 창의적인 사고 과정은 "보통의" 사고 과정과 그다지 다르지 않다. 창의성은 "기억, 이해 및 인식 같은 익숙한 정신적 작업"을 특별하게 사용하는 활동이다(Perkins, 1981, p.274). 만약 창의적인 학생들이 하는 행동에 우리가 이름을 붙일 수 있다면, 그것은 창의성을 가르치고 평가하는 일이 가능하다는 뜻이다. 그리고 창의성은 현재 가르치는 수준보다는 더 잘 가르치고, 더 잘 평가되어야 한다.

가끔 학생의 수행 결과물이 시각적으로 매력적이거나, 설득력이 있거나, 흥미진진한 경우를 말하는 것으로 창의성을 잘못 해석한다(Brookhart, 2010). 이런 경우는 평가요소를 차라리 시각적 매력도, 설득력 등으로 정하는 게 훨씬 낫다. 보고서의 예쁜 표지가 "창의적"일 수도 있겠지만, 이는 단순히 표현 수단(아마도 손글씨와 채색 또는 컴퓨터

클립아트 등)을 잘 사용하는 것일 확률이 더 높고, 창의성보다는 시각 예술 능력에 훨씬 더 가깝다고 보아야 한다. 이처럼 평가요소를 적절하게 명명하면 우리 교사들이 원하는 학습 결과와 실제로 관련 있는지 없는지가 분명해지므로 루브릭에서 관련 없는 평가요소를 제외할 수 있다.

독창성originality을 평가하려는 루브릭에서 창의성의 평가요소를 본 적이 있는데, 이러한 평가요소가 창의성의 특성을 더 정확하게 기술하고 있었다. '창의성/독창성'에 대한 평가요소에서는 최상위 수준의 수행 결과물을 매우 독창적이고, 창의적이며, 상상력이 풍부하고, 고유한 것으로 기술하고 있다. 그 아래로 이어지는 하위 수준의 결과물에 관해서는 다른 사람들의 아이디어를 그대로 사용하거나, 다른 사람들과 아이디어가 비슷하거나, 상상력이 부족하다고 기술한다. 이러한 루브릭은 학생들과 교사들에게도 효과적인데, "독창적인" 것이 무엇을 의미하는지를 좋은 예시가 되기 때문이다. 학생들은 이를 보고 내용을 모방하는 것이 아니라, 자신의 내용을 다른 것보다 돋보이게 하는 방식을 따라 할 수 있다.

그러나 창의성에는 단지 독창성만 있는 것이 아니라, 이외에도 다양한 요소가 존재한다. 6+1 특성 글쓰기 루브릭에서 보았듯이, 평가요소를 명확하게 정의할수록 학생들에게 더 큰 도움이 된다. "창의적인 학생들은 무엇을 하나요?" 하고 물으면 답은 4가지 범주로 요약될 수 있다. 창의적인 학생들은 다음과 같은 행동을 한다.

- 심층적 지식에 기반을 두는 것이 중요하다는 것을 인식하고, 새로운 것을 배우기 위해 지속적으로 노력한다.
- 새로운 아이디어에 개방적이며, 새로운 아이디어를 적극적으로 생각해 낸다.
- 다양한 매체, 사람 및 사건에서 원자료를 찾는다.
- 아이디어를 다양한 범주 또는 조합으로 구성 및 재구성하고, 그 결과가 흥미로운지, 새로운지, 또는 도움이 되는지 평가한다.
- 과제를 어떻게 진행해야 할지 모르겠다면 시행착오를 통해 실패를 배움의 기회로 삼는다(Brookhart, 2010, pp.128~129).

만일 창의적인 학생들의 특성이 이렇다면, 이러한 특성은 그들의 수행에서 분명히 드러나야 한다. 마지막 항목은 어떤 특정한 수행 결과물에서 보이는 증거라기보다는 개인적인 특성에 더 가까우므로, 그것을 제외하면 창의적인 작업에 관해 다음 4가지 기준을 도출할 수 있다.

- 아이디어의 깊이와 질
- 출처의 다양성

- 아이디어의 구성과 조합
- 제시한 의견의 독창성

표 4.3은 이 평가요소를 분석적 루브릭으로 구조화한 것이다. 1, 2, 3, 4로 매겨질 수 있는 연속선상의 수행 수준에서 '능숙' 단계를 3으로 설정한 후 각각의 수행 수준에 관한 설명을 작성했다. "창의성에 능숙함"이라는 표현이 적절하지 않다고 생각해, '매우 창의적, 창의적, 평범/보통, 모방적'으로 분류했다. 그런데 오히려 굳이 창의성이 필요하지 않은 일반적인 정보 전달 글쓰기에서 창의성을 평가하는 루브릭을 사용한다면 누구든 "모방적"이라는, 받고 싶지 않은 평가가 나올 수밖에 없다. 이런 경우에 해당하는 과제와 평가에서는 창의적인 수행을 요구하지 말고, 창의성을 평가하는 루브릭(혹은 다른 평가도구)도 사용하지 않는 것이 좋다.

수업의 주요 과제는 이미 관련된 분석적 루브릭이 있고, 이런 상황에서 창의성 평가를 위해 루브릭 척도 4개를 추가하는 건 다소 많을 수 있다. 그래서 표 4.4에 창의성에 대한 4가지 평가요소(아이디어, 출처, 구성/조합, 독창성)를 하나의 총체적 루브릭으로 구조화했다.

자기성찰

수업에서 보고서나 창의성을 평가할 때 루브릭을 사용하나요? 이와 관련해 어떤 경험을 해봤나요? 여러분의 경험은 이번 장에서 다룬 보고서와 창의성을 평가하는 루브릭 정보를 이해하는 데 어떤 도움을 주었나요?

총체적 루브릭에서는 평가요소가 동시에 다루어지는 것일 뿐,

표 4.3 — 창의성을 평가하는 분석적 루브릭

	매우 창의적	창의적	평범함/보통	모방적
아이디어의 깊이와 질	아이디어가 여러 맥락이나 분야에서 놀랄 만큼 다양한 중요 개념을 보여줌.	아이디어가 여러 맥락이나 분야에서 중요 개념을 보여줌.	아이디어가 동일하거나 유사한 맥락 또는 분야에서 중요 개념을 보여줌.	아이디어가 중요 개념을 보여주지 않음.
출처의 다양성	다양한 글, 매체, 자료 제공자, 그리고/또는 개인적인 경험을 포함한 광범위한 여러 출처를 활용해 결과물을 만듦.	다양한 글, 미디어, 자료 제공자, 그리고/또는 개인적인 경험을 포함한 다양한 출처를 활용해 결과물을 만듦.	한정된 출처와 미디어를 활용해 결과물을 만듦.	1가지 출처만 활용하고/활용하거나, 신뢰할 수 없거나 적절하지 않은 출처를 활용해 결과물을 만듦.
아이디어의 구성과 조합	독창적이고 놀라운 방법으로 아이디어가 조합되어 문제를 해결하고, 쟁점을 거론하거나, 새로운 것을 만들어냄.	독창적인 방법으로 아이디어가 조합되어 문제를 해결하고, 쟁점을 거론하거나, 새로운 것을 만들어냄.	다른 사람의 생각(예: 참조한 출처의 저자)에서 얻은 아이디어를 조합함.	참조한 출처에서 아이디어를 그대로 베끼거나 단순히 재서술함.
제시한 의견의 독창성	만들어진 결과물이 흥미롭고 새롭거나 유용하며, 이전에 몰랐던 문제, 쟁점, 또는 목적을 발견하고 이를 포함해서 독창적인 의견을 제시함.	만들어진 결과물은 흥미롭고 새롭거나 유용하며, 의도한 목적(예: 문제 해결 또는 쟁점 거론)에 관해 독창적인 의견을 제시함.	만들어진 결과물은 의도한 목적(예: 문제 해결 또는 쟁점 거론)에 부합함.	만들어진 결과물이 의도한 목적(예: 문제 해결 또는 쟁점 거론)에 부합하지 않음.

※출처: 『학생들에게 어떻게 효과적인 피드백을 줄까?(How to give effective feedback to your students?)』(수전 M. 브룩하트, 알렉산드리아, VA: ASCD, 2008), pp.63–64, 재인용함.

표 4.4 — 창의성을 평가하는 총체적 루브릭

매우 창의적	아이디어가 여러 맥락이나 분야에서 놀랄 만큼 다양한 중요 개념을 보여줌. 다양한 글, 미디어, 자료 제공자, 그리고/또는 개인적인 경험을 포함한 광범위한 여러 출처를 활용해 결과물을 만듦. 독창적이고 놀라운 방법으로 아이디어가 조합되어, 문제를 해결하거나, 쟁점을 거론하거나, 새로운 것을 만들어냄. 만들어진 결과물이 흥미롭고 새롭거나 유용하며, 이전에 몰랐던 문제, 쟁점, 또는 목적을 발견하고 이를 포함해서 독창적인 의견을 제시함.
창의적	아이디어가 여러 맥락이나 분야에서 중요 개념을 보여줌. 다양한 글, 미디어, 자료 제공자, 그리고/또는 개인적인 경험을 포함한 다양한 출처를 활용해 결과물을 만듦. 독창적인 방법으로 아이디어가 조합되어, 문제를 해결하거나, 쟁점을 거론하거나, 새로운 것을 만들어냄. 만들어진 결과물은 흥미롭고 새롭거나 유용하며, 의도한 목적(예: 문제 해결 또는 쟁점 거론)에 관해 독창적인 의견을 제시함.
평범함/보통	아이디어가 동일하거나 유사한 맥락 또는 분야에서 중요 개념을 보여줌. 한정된 출처와 미디어를 활용해 결과물을 만듦. 다른 사람의 생각(예: 참조한 출처의 저자)에서 얻은 아이디어를 조합함. 만들어진 결과물은 의도한 목적(예: 문제 해결 또는 쟁점 거론)에 부합함.
모방적	아이디어가 중요 개념을 보여주지 않음. 1가지 출처만 활용하고/활용하거나, 신뢰할 수 없거나 적절하지 않은 출처를 활용해 결과물을 만듦. 참조한 출처에서 아이디어를 그대로 베끼거나 단순히 재서술함. 만들어진 결과물이 의도한 목적(예: 문제 해결 또는 쟁점 거론)에 부합하지 않음.

평가요소는 1가지가 아니라 4가지라는 사실에 주목하자. 그래서 표 4.4의 루브릭이 1차원적으로 보이지만, '매우 창의적임, 창의적임, 창의적이지 않음' 등으로 나열하는 창의성 척도와는 전혀 다르다. 채점할 때 표 4.4의 총체적 루브릭을 사용할 수 있겠지만, 교수학습에는 표 4.3의 분석적 루브릭이 더 적합하다.

요약하기

이번 4장에는 2가지 주요 목적이 있다. 첫 번째는 기본 능력을 평가할 때 일반적인 분석적 루브릭을 사용할 필요성을 입증하는 것이다. 일반적인 분석적 루브릭은 질을 평가하지 않고 개수를 세는 방식인 과업 기반의 '지시' 중심 루브릭과 정반대 성향이다. 그래서 채점뿐 아니라 학습에도 유용하기 때문에 학생들이 시간과 노력을 들일 가치가 충분하다.

두 번째 목적은 루브릭의 핵심적이고 본질적인 2가지 특성을 파악할 수 있는 좋은 루브릭의 예를 제시하는 것이다. 2가지 특성 중 하나는 적절한 평가요소, 다른 하나는 각 평가요소에 대한 수행 수준을 연속선상에서 기술하는 것이다. 이 예시 루브릭에 사용된 언어, 평가요소, 그리고 수행 수준 기술 방식이 교사들이 평가요소와 수행 수준을 작성하는 데 도움이 되길 바란다. 무엇보다 이번 4장에서 배운 평가요소와 수행 수준 기술 방식을 통해 루브릭의 본질을 더 잘 이해하는 것이 가장 중요하다.

4장에서 일반적 루브릭을 다뤘지만, 특정 과업형 루브릭이 더욱 유용한 경우도 있다. 다음 5장에서는 특정 과업형 루브릭과 이를 사용하는 방법을 알아보자.

다시 생각하기

1. 맞는 것을 골라봅시다.
   1) 글쓰기, 수학 문제 해결과 같이 시간이 지나면서 발달하는 기본적인 능력을 평가하는 데 유용한 루브릭은 [일반적/특정 과업형] 루브릭이다.
   2) 6+1 특성 글쓰기 루브릭의 '어문 규범'에서 '우수'에 해당하는 글의 수준은 ["오류가 전혀 없는"/"잘 읽히는"] 글이다.
   3) 수학 문제 해결 능력 평가 루브릭은 1인칭 시점을 사용하고 학생이 자신의 수행 결과물을 생각해보는 기회를 제공한다는 측면에서 [교사/학생] 친화적 루브릭이다.
2. 이 4장에 기술된 창의성 평가를 위한 루브릭 척도 4개를 떠올려봅시다.

• 답 : 1. 1) 일반적 2) "잘 읽히는" 3) 학생 2. 아이디어의 깊이와 질, 출처의 다양성, 아이디어의 구성과 조합, 제시한 의견의 독창성

5

특정한 목적을 위한 특정 과업형 루브릭과 채점 체계

교사들과 함께 루브릭을 연구하는 나 같은 교육학자들(Arter & Chappuis, 2006; Arter & McTighe, 2001; Chappuis, 2009)이 분석하기에는 루브릭을 사용해 학생의 학습을 돕는 이점이 상당히 많다. 그렇기 때문에 언제나 일반적 루브릭을 사용할 것을 권장한다. 하지만 예외적으로 특수한 상황이 있다. 이 5장에서는 일반적 루브릭을 사용하지 않는 바로 그러한 특수한 상황을 살펴보겠다. 그러나 이를 일반적 루브릭이 더 적절한 상황에서도 특정 과업형 루브릭을 사용해도 된다는 의미로 혼동하지는 않기를 바란다.

특정 과업형 루브릭은 언제 사용할까?

특정 과업형 루브릭은 채점을 목적으로 사용할 때 매우 유용하다. 특히 사실과 개념에 관한 기억력과 이해력을 평가하는 과제를 채점할 때 도움이 된다.

특정 과업형 루브릭은 교사가 많이 연습하지 않아도 일반적 루브릭을 사용했을 때보다 쉽게 채점 결과의 신뢰도를 높일 수 있다. 일반적 루브릭은 수준별로 기술된 설명과 실제 수행된 과제 내용을 대조해 보며 추상적인 판단을 내려야 하지만, 특정 과업형 루브릭은 정답에 관해 기술된 내용과 과제를 맞춰보기만 하면 되므로 추론 여지가 크지 않기 때문이다.

학기 말 고사처럼 학생들이 피드백을 받아 수정하거나 심화학습을 할 수 있는 기회 없이 최종 성적만 확인하면 되는 모든 시험에서는, 각각의 문항에 관해 특정 과업형 루브릭을 사용하면 신속하고 신뢰도 높은 채점이 가능하다. 표 5.1은 여러 단계를 거쳐야 해결할 수 있고 그 풀이 과정을 설명해야 하는 4학년 수학 문제 해결을 위한 특정 과업형 루브릭의 예시다.

표 5.1 — 특정 과업형 루브릭으로 채점한 수학 문제 해결 능력

문제

> **놀이공원**
>
> 즐길 거리가 70가지!
> 34개의 놀이기구
> + 게임
> + 공연

놀이공원에는 게임, 놀이기구와 공연이 있다.

- 게임, 놀이기구, 공연의 개수는 총 70개다.
- 34개의 놀이기구가 있다.
- 공연의 수보다 게임의 수가 2배 많다.

몇 개의 게임이 있습니까? ____________________
몇 개의 공연이 있습니까? ____________________
숫자, 글, 또는 그림을 사용해 어떻게 답을 얻었는지 나타내보세요.
공간이 더 필요하면 아래 여백을 사용하세요.

특정 과업형 채점 루브릭

모범 답안
24개의 게임과 12개의 공연을 올바른 풀이 과정과 함께 작성함.

정답 예시:
70 − 34 = 36 그래서 36개의 공연과 게임이 있다. 게임의 수는 공연 수의 2배다. 따라서 24개의 게임과 12개의 공연이 있다.

만족스러운 답
뺄셈에 오류가 있지만, 게임과 공연의 비율이 2:1로 정확함.
또는
풀이 과정과 함께 12개의 게임과 24개의 공연이라고 작성함.
또는
풀이 과정 없이 24개의 게임과 12개의 공연이라고 작성함.

부분 정답
36개라는 것을 찾아냈고, 비율이 2:1(24:12는 오답)이며, 게임과 공연의 합이 36 미만임.

또는
풀이 과정이 있고 없음에 관계없이 36개의 게임과 18개의 공연이라고 작성함.
또는
풀이 과정이 있고 없음에 관계없이 72개의 게임과 36개의 공연이라고 작성함.
또는
질문에 대한 이해를 반영하는 과정을 보여주지만, 올바른 비율을 찾지 못함.

최저 수준의 답
70을 얻기 위해 34에 빼거나 더해 36을 찾음.
또는
게임의 수에 공연의 수를 더해 36을 작성함.
또는
게임과 공연의 수가 2:1 비율이나 그 외는 다 틀림.

오답
틀린 답안을 작성함.

※출처: 국가교육진보평가 발표항목 (2011, 4학년, M8, 19번 문항) http://nces.ed.gov/nationsreportcard/itmrlsx/

특정 과업형 루브릭으로 채점하기

평가요소를 포함하고 수준별로 수행의 내용을 기술하고 있다면 특정 과업을 위한 채점 지침 또한 루브릭이라 할 수 있다.

표 5.1의 예시는 학생들이 문제를 풀고, 풀이 과정을 설명해야 하는 응답 구성형 문항을 채점할 때 특정 과업형 루브릭이 얼마나 유용한지 보여준다. 여기에서는 5단계로 점수를 부여했지만, 부여되는 점수에 따라 여러 단계로 특정 과업형 루브릭을 사용할 수 있다 (원문에는 다점multi point 채점으로 기술되어 있다. 이는 학생의 점수를 정답/오답 2가

지로 채점하지 않고, 학생 응답의 구성 정도에 따라 부분 점수를 인정해서 다양한 점수를 부여하는 방식을 의미한다. 우리나라에서는 서/논술형 문항이 다점 문항 방식으로 채점된다. 단답형 문항에서도 여러 개의 답을 써야 하는 경우, 맞은 개수당 하나씩 점수를 부여하면 다점 문항 방식이 된다-옮긴이). 교사 여러분이 정답(1점)/오답(0점)만 구분해 채점하는 단계를 넘어섰다면, 이제는 배점을 위한 일종의 채점 체계가 필요하다. '모범 답안/부분 정답/오답'(2-1-0 또는 3-2-1)과 같이 단순한 채점 체계에도 교사가 학생의 답안이 어느 수준에 해당하는지 결정할 수 있는 정보가 기술되어야 한다.

간단한 서술형 문항에서도 종종 부분 점수 채점기준표를 사용한다. 표 5.2는 서술형 문항 예시와 교사가 채점할 때 사용할 수 있는 특정 과업형 루브릭이다.

표 5.1과 표 5.2 예시를 보면서 혹시 중요한 점을 알아차렸을지 모르겠다. 모두 분석적 루브릭이 아닌, 총체적 루브릭이라는 점이다. 이 루브릭에서는 좋은 수행 결과물에 대한 평가요소가 모두 한 번에 고려된다. 표 5.1 수학 문제 해결 예시에서는 문제에 필요한 연산이 무엇인지 아는 것, 올바른 숫자를 선택하고 사용하는 것, 계산을 정확히 하는 것, 모든 풀이 과정을 잘 보여주는 설명을 전달하는 것이 모두 한꺼번에 평가된다. 표 5. 2 과학 서술형 문항 예시에서는 이동속도의 상대성이 핵심이라는 것을 인지했는지, 그리고 그 내용을 명확하게 전달했는지가 함께 평가된다. 이러한 접근 방식은 평가요소

표 5. 2 — 특정 과업형 루브릭으로 채점한 과학 서술형 시험 문항

문제

번개와 천둥은 동시에 발생하지만, 천둥소리를 듣기 전에 번개를 보게 된다. 그 이유를 설명하시오.

특정 과업형 채점 루브릭

모범 답안

천둥과 번개가 동시에 발생하지만, 빛은 소리보다 빠르게 이동하므로, 소리가 귀에 도달하기 전에 빛이 눈에 먼저 도달한다고 답함.

부분 정답

소리 대신 천둥, 빛 대신 번개 같은 용어를 사용해 속도를 설명하거나, 혹은 속도에 관해 일반적인 설명을 하지만 어느 것이 더 빠른지는 언급하지 않음.

만족스럽지 않은 답/오답

빛과 소리가 이동하는 속도와 관련이 없다고 답함.

※출처: 국가교육진보평가 발표항목(2005, 4학년, S13, 10번 문항) http://nces.ed.gov/nationsreportcard/itmrlsx/

중에 어떤 것이 부족했는지 피드백을 제공하지 않는다. 그러므로 개별 문제의 점수를 합쳐 총점을 만드는 것이 목적인 총괄평가에 적합하다. 분석적 루브릭의 장점은 학생들이 평가요소에 관해 개별적인 피드백을 받아서 그 부분을 향상하게 한다는 것인데, 이렇게 개별 점수를 합해 총점을 이루는 문항의 경우에는 분석적 루브릭이나 총체적 루브릭이 그다지 차이가 없다.

특정 과업형 루브릭 제작하기

서/논술형 문항 채점을 위해 특정 과업형 루브릭을 제작하는 것은 형성평가와 총괄평가를 위해 교사와 학생 모두가 사용하는 일반적 루브릭을 제작하는 것과는 다르다.

첫째, 가장 분명한 차이점은 일반적 루브릭은 어느 과업에서나 일어나는 배움을 설명하는 평가요소를 사용해 제작하지만, 특정 과업형 루브릭은 특정한 하나의 과업에 적합하게 제작한다는 점이다.

둘째, 특정 과업형 루브릭은 교사가 사용하는 언어로 작성해도 된다는 점에서 일반적 루브릭과 차이가 있다. 학생들은 특정 과업형 루브릭을 사용하지 않는다. 그래서 교사는 특정 과업형 루브릭에 어른이 사용하는 언어, 확인 사항을 열거한 목록, 예시 답안, 그리고 각 수행 수준에서 집중적으로 살펴볼 사항이 무엇인지 적은 메모를 포함해도 된다. 그러나 주의할 점은 질문에 대한 좋은 답안이 여러 개 있을 수 있다면, 좋은 답안이 다양하게 나올 여지를 남겨야 한다는 것이다. 예를 들어 수학적 추론의 경우, 학생들이 다양한 방법으로 설명할 수 있고 결론을 도출하고 이를 뒷받침하는 글을 써야 하는 서/논술형 문항에서는 적절한 주장이 여럿일 수 있다는 점을 염두에 두자. "내가 학생이라면 이렇게 썼을 거야"라고 교사가 예상하는 답뿐만이 아니라, 점수를 받을 만한 모든 답안에 적절한 점수가 부여

되도록 특정 과업형 루브릭을 제작해야 한다는 사실을 항상 명심해야 한다.

셋째, 시험 문제를 만드는 동시에 특정 과업형 루브릭을 제작해야 한다. 일반적으로 교사는 시험에 대한 청사진을 가지고 있어 몇 점을 부여할지 알고 있기 때문에, 수행 수준의 개수는 이미 어느 정도 결정되어 있다. 문제를 직접 풀어보거나, 만점을 받을 만하다고 생각되는 정확하고 완성도 있는 답안을 직접 작성해보자. 일단 모범 답안을 작성한 후에는 답안에 관한 설명을 기술하고, 그보다 적은 점수를 받을 답안과 설명을, 또 그보다 더 적은 점수를 받을 답안과 설명을, "답안을 작성하지 않음" 또는 "완전히 오답" 또는 이와 유사한 최저 점숫값에 도달할 때까지 수준별로 작성해야 한다. 정답 아니면 오답으로 채점되는 문항에서 오답이 0점이듯이, 대부분의 경우 시험 문항에 대한 특정 과업형 루브릭의 최저 점수는 0이다.

항목별 채점표에 따라 채점하기

어떤 서/논술형 문항이나 부분 점수 부여 문항은 학생들이 개념을 기억하고, 이해한 내용을 설명할 수 있는지를 평가하기 위해 사용된다. 하지만 '과학적 진행 단계를 나열하고 설명하라'라는 문항처럼 학생들이 지식 체계를 잘 이해하고 있는지를 평가하는 경우도 있다. 저자는 이런 종류의 문항이 교사가 출제하는 응답 구성형 시험의 대부분을 차지하거나, 혹은 유일한 문제 유형이 아니기를 바란다(Brookhart, 2010). 어쨌든 이러한 문항들은 특정 과업형 루브릭보다 항목별 채점표로 채점하는 것이 더 효과적인 경우가 많다. 이유는 다음과 같다. 첫째, 항목별 채점표는 평가하려는 지식 영역(사실, 개념)의 중요도에 따라 가중치를 부여하는 방식으로 배점할 수 있다. 둘째, 학생들이 특정 정보를 기억해내는 것이 문항의 목적인 경우, 항목별 채점표에는 사실과 개념 등의 요소가 이미 나열되어 있으므로 학생

표 5. 3 — 항목별 채점표로 평가한 사회 시험 문항

문제

3가지 정부기관의 이름과 각 기관의 주요 목적을 아래 표에 작성하시오.

정부기관	주요 목적

항목별 채점표

총 점수 = 6

정부기관 이름(행정부, 입법부, 사법부)을 맞게 적으면 각 1점

주요 목적을 맞게 적으면 각 1점, 주요 목적에 포함되어야 할 최소한의 필수 사항;

- 행정부 – 법 집행
- 입법부 – 법 제정
- 사법부 – 법률 해석

답에 해당 요소가 있는지 확인하기가 수월하다. 표 5.3은 초등학교 사회 시험 문항에 대한 항목별 채점표 예시다.

항목별 채점표 작성하기

항목별 채점표를 만들려면, 평가하려는 지식의 주요 사실과 개념, 기타 요소를 선별하고 그것을 나열해야 한다.

작성한 요소들을 보고, 답안에서 동일한 비중을 차지하는지(즉, 중요도가 같은지), 또는 일부 요소(사실, 개념, 설명 등)가 다른 요소보다 더 중요한지를 결정해 그에 따라 배점하면 된다. 항목별 채점표가 시험 문항 하나에 대한 것이라면, 해당 문항의 배점이 시험 총점에 비해 너무 크거나 작지 않은지 확인한다. 만약 배점이 적절하지 않다면 적절한 가중치를 가질 때까지 문항이나 채점표를 조정해야 한다.

표 5.3 예시가 보여주듯이, 어떤 경우에는 문항이 평가하려는 사실, 개념, 설명 혹은 평가 분야에 대한 다양한 요소가 학생의 답안에 필수적으로 포함되어야 한다는 사실이 항목별 채점 루브릭에 명시되기도 한다.

또 어떤 경우에는 답안이 될 수 있는 많은 요소를 몇 개까지 적느냐에 따라 받을 수 있는 점수를 명시하는 경우도 있다. 예를 들어, 방

자기성찰

수업에서 특정 과업형 루브릭이나 항목별 채점표를 어떻게 사용할 수 있을지 그려지나요? 여러분이 생각하는 방식은 이번 장에서 논의한 특정 과업형 루브릭과 항목별 채점표의 쓰임에 적절히 부합하고 있나요?

금 미국 남북전쟁의 원인에 관한 단원을 가르쳤다고 하자. 이때 기억과 이해를 확인하는 서술형 문항으로 학생들에게 남북전쟁의 원인을 파악해서 적고 간단히 설명하게 하려고 한다면, 항목별 채점표를 이용해서 남북전쟁의 여러 원인 중 최대 4개를 적으면 각 1점씩 총 4점을 부여하고, 각각의 이유에 대한 올바른 설명마다 1점씩 부여해 최대 8점까지 부여할 수 있다.

루브릭은 수준별 수행을 기술할 때 특별한 경우가 아니라면 항목을 세어 점수를 주는 것을 권장하지 않지만, 항목별 채점표는 다르다. 사실과 개념을 기억하고 있는지를 확인하는 문항에서는 교사가 평가하려는 것이 사실과 개념을 열거하는 것이다. 그렇기 때문에 이런 식으로 항목별 채점표를 이용해 "항목을 세는 것"이 적절할 수 있다.

요약하기

루브릭 책이라면 특정 과업형 루브릭을 논하지 않고는 완전하다고 할 수 없고, 채점표 역시 루브릭이 아닌 형태도 있지만 관련성이 있어서 이 5장에서 중점적으로 다뤘다. 특정 과업형 루브릭과 채점표가 가장 중요한 채점 방식은 아니지만, 2가지 모두 교사의 채점 방식 목록에 넣어두고 필요할 때 사용할 수 있어야 한다. 특정 과업형 루브릭은 채점이 목적이다. 이에 비해 일반적 루브릭은 훨씬 더 융통성 있게 사용할 수 있으며, 학습과 채점이라는 목적에 모두 부합한다.

무엇보다도 저자가 특정 과업형 루브릭보다 일반적 루브릭에 더 중요한 가치를 두는 것은 일반적 루브릭은 학생들과 함께 사용할 수 있기 때문이다. 일반적 루브릭은 특히 학교와 교사가 능숙 정도를 보여주는 성취기준 기반 채점 방침을 채택하며, 모든 루브릭을 이에 맞춰 조정할 때 더욱 가치 있다. 이때 동일한 성취기준을 가르치는 학년 또는 교과 교사 모두의 합의가 필요하다. 하지만 일단 합의되고 나면 평가는 어떤 면에서는 단순화된다. 다음 6장에서는 성취기준 기반 채점을 돕는 능숙도 기반 루브릭을 알아보자.

다시 생각하기

1. 맞는 것을 골라봅시다.

1) 특정 과업형 루브릭은 [학습/채점]을 목적으로 사용할 때 유용하다.

2) 특정 과업형 루브릭은 일반적 루브릭보다 추론의 여지가 [크다/크지 않다].

2. 항목별 채점표는 평가하려는 지식 영역의 중요도에 따라 가중치를 부여하도록 배점할 수 있다. (○, ×)

• 답 : 1. 1) 채점 2) 크지 않다. 2. ○

6

능숙도 기반 루브릭으로 성취기준 기반 채점하기

능숙도 기반 루브릭은 학생의 수행이 성취기준에 도달했는지의 측면에서 학습 진행 상황을 기술한다. 따라서 그 출발점부터 성취기준을 기반으로 한 채점 척도와 긴밀하게 연계되어 있다. 능숙도 기반 루브릭은 지필평가와 수행평가를 포함한 여러 평가에 관해 동일한 척도(동일한 성취 수준)를 사용하며, 이는 성취기준상의 능숙도 수준에 따라 학생의 수행을 기록한다는 뜻이다.

여러 평가에 동일한 루브릭을 사용한다는 것이 단순히 특수한 루브릭을 사용하는 것처럼 들릴 수도 있지만(실제로 현장에서 이런 경우가 없지는 않다), 모든 평가에서 능숙도 기반 루브릭을 일관되게 사용하는 것은 학생의 수행을 해석하는 기준점을 바꿔놓는 일이다. 이는 사실,

눈에 보이는 것보다 훨씬 더 큰 패러다임의 변화다.

그동안 채점에 전통적으로 많이 사용된 옳은 개수 세기 방식number-right(틀린 문제에 감점하지 않고 맞은 문항의 개수만 점수로 산정하는 채점 방식 - 옮긴이)과 백분율 척도에 관해 생각해보자. 백분율은 시험 내용의 몇 %를 맞췄는지를 보여주는 숫자일 뿐, 성취기준을 직접적으로 나타내지는 않는다. 한 학생이 시험에서 100%의 정답률을 보였을 때 교사가 성취기준에 기반한 채점을 하는 경우, 이 학생이 "우수"하다고 판정하고 싶은 유혹을 느낄지도 모르겠다. 그러나 그 시험 문항이 성취기준에서 요구하는 것 중 기본적인 이해력만 측정했을 뿐, 고차원적 사고 능력이 요구되는 질문은 하지 않았다면 어떨까? 이 100%의 정답률은 학생이 "능숙"하다는 것을 나타낼 뿐이다. 우수한 학생들이 실제로 확장된 사고를 할 수 있는지 아닌지를 알기 위해서는 이런 능력을 보여주도록 하는 질문이나 과제가 평가에 포함되어야 한다.

자기성찰

여러분의 학교에서는 성취기준을 기반으로 하는 채점 방식을 사용하고 있나요? 전통적인 채점 방식과 비교해 성취기준 기반 채점 방식이 더 좋은 점이 있나요? 성취기준 기반 채점 방식을 사용한다면, 한 성취기준에 대한 각각의 평가마다 동일한 능숙도 척도를 사용하고 있나요?

능숙도 기반 루브릭 제작하기

능숙도 기반 루브릭은 3단계에 걸쳐 만든다. 첫째, 학교 또는 지역 교육청에서 쓰이는 능숙도 수준의 개수와 명칭, 그 의미를 기반으로 일반적인 틀을 설계한다. 둘째, 그 틀을 기반으로 각 성취기준에 대한 일반적 루브릭을 작성한다. 셋째, 해당 성취기준에 기반한 각 평가에 관해 수준별로 요구되는 구체적인 수행의 모습을 기술한다.

일반적 틀 설계하기

능숙도 기반 루브릭은 각 능숙도 수준에 대한 기대치를 기술하는 일반적 루브릭에서 시작한다. 이때 성취기준 기반 성적표에 쓰이는 것과 동일한 용어를 사용한다.

능숙도 수준의 수와 명칭을 정한다. 교사라면 누구나 알고 있겠지만, 능숙도 수준을 몇 개로 할 것인지와 그 명칭을 무엇으로 할 것인지를 정하는 것이 능숙도 기반 루브릭을 구성하는 첫 단계다. 성취기준 기반 성적표에서 '우수, 능숙, 보통, 기초'라는 4가지 수준을 사용하는 경우, 루브릭에서도 이 수준을 사용하고, 다른 수준을 사용하는 경우는 그것을 사용한다.

루브릭에서 각 수준이 의미하는 바를 기술한다. 때때로 능숙도의 수준은 성취기준 기반 성적표와 그 근거 자료에서 일반적인 용어로 기술된다. 능숙도 수준에 대한 정의가 성적표에 나온 경우도 있지만, 예를 들어 "우수한 수준으로 수행함"과 같이 해당 수준의 명칭을 정의에 그대로 반복해서 루브릭에 그대로 사용하는 것은 적합하지 않다.

만약 이미 각 수행 수준에 관해 유용하고 일반적인 설명이 있다면 그대로 사용한다. 이러한 설명이 없다면 교사가 직접 만들어야 하는데, 이때는 교사 간 팀워크가 정말 중요하다. "능숙 수준이란 얼마나 능숙함을 뜻하는가?"에 대한 질문은 1명의 관리자나 교사가 아닌, 교사 전체의 합의로 결정되어야 하기 때문이다. 표 6.1은 4단계 수준의 능숙도를 사용하는 능숙도 기반 루브릭을 위한 일반적 틀의 예시다.

표 6.1 — 능숙도 기반 루브릭을 위한 일반적 틀의 예시

4 우수	개념이나 기술에 관해 완벽히 이해하고 있음을 보여주며 성취기준에서 요구하는 수준을 넘어 이해를 확장함(예: 개념을 다른 개념과 연결하거나, 새로운 아이디어를 제공하거나, 심층적이고 미묘한 차이를 분석해내는 것을 통해 기대하는 능숙도 이상의 수준을 보임).
3 능숙	개념에 관해 완전하고 정확하게 이해하고 있거나 성취기준에 명시된 기술을 수행할 수 있는 능력을 보임.
2 보통	선행지식에 관해 부분적인 이해를 보이며 개념에 대한 이해가 기초 혹은 불완전한 단계에 있음. 성취기준에 명시된 기술을 수행할 수 있는 기초적인 능력을 보임.
1 기초	심각한 오개념이 있거나 개념에 대한 이해가 부족함. 혹은 성취기준에 명시된 기술을 수행할 수 없음.

표 6.1 예시는 그대로 사용하기에는 너무 일반적이라서 형성평가나 채점에 직접 사용할 만한 것은 아니다. 개별 과제를 위해 더욱 구체적인 루브릭을 제작할 때 교사의 생각을 돕기 위해 제시한 일반적 틀이나 템플릿으로 생각하고 활용하기를 바란다.

성취기준에 대한 일반적 루브릭 제작하기

앞에서 설계한 일반적 틀을 수정해 각 성취기준에 기반한 평가를 위한 일반적 루브릭을 작성한다. 성취기준 기반 성적표를 사용하는 경우, 해당 "성취기준"이 성적을 보고하는 기준이 되며, 이것이 교육과정의 성취기준보다 좀 더 구체적일 수 있다. 성취기준 기반 성적표를 사용하지 않는 경우는 교육과정의 목표를 평가 대상 성취기준으로 사용할 수 있다. 학교 또는 교육청에서 교육과정 매핑mapping(교육과정, 교수 자료, 수업 방법 등 학업 전반의 일관성과 효율성을 향상시키기 위해 교육과정에서 빠진 부분, 중복된 부분, 성취기준과 맞지 않는 부분을 점검하고 도식화하는 작업. 학생들이 이전에 배운 내용을 바탕으로 학습하고 더 도전적이고 높은 수준의 작업을 위해 점진적으로 준비할 수 있는 지식과 기술을 배울 수 있도록 의도적으로 구조화하고 학년 수준에 걸쳐 논리적으로 위계를 가지는 것을 목표로 한다 – 옮긴이)을 완료한 경우, 일반적으로 교육과정 맵에 나열된 성취기준 또는 목표를 사용한다. 표 6.2는 표 6.1의 일반적 틀을 기반으로 "넓이의 개념을 이해하고 넓이를 곱셈 및 덧셈과 연관 지을 수 있다"(수학 CCSSI

성취기준 3.MD)라는 성취기준을 평가하기 위해 설계한 일반적 루브릭을 보여준다.

표 6. 2 — 특정한 성취기준을 위한 루브릭

성취기준: 넓이의 개념을 이해하고 넓이를 곱셈 및 덧셈과 연관 지을 수 있다.	
4 우수	넓이의 개념을 완벽히 이해하고 있으며 이 개념을 곱셈, 덧셈과 연관시키는 능력을 보여줌. 넓이를 다른 개념과 연관시키거나 새로운 아이디어를 제시하거나, 혹은 응용문제를 해결함으로써 이해를 확장함.
3 능숙	넓이에 관해 완전하고 정확하게 이해하고 있으며 넓이의 개념을 곱셈 및 덧셈과 연관시킬 수 있는 능력을 보임.
2 보통	선행지식(예: 평면 도형의 정의, 길이 측정 방법 등)에 관해 부분적인 이해를 보이며 넓이의 개념에 대한 이해가 기초 혹은 불완전한 단계에 있음.
1 기초	넓이에 대한 심각한 오개념을 갖고 있거나 혹은 이해가 부족함.

이때 특정한 성취기준을 위한 루브릭을 제작했더라도, 이것 역시 일반적인 용어로 수행을 기술한 일반적 루브릭이라 여전히 특정 평가에 사용하기에는 적절하지 않다는 점을 기억할 필요가 있다. 다시 말해, 일반적 루브릭의 수준별 설명에는 추가적인 질문이 따라오게 된다(예: '능숙' 수준에서 '넓이의 개념에 대한 완전하고 정확한 이해와 이를 곱셈과 덧셈에 연관시킬 수 있는 능력을 보여준다'라는 것은 정확히 어떤 의미일까?). 이것이 바로 평가마다 교사들이 해결해야 할 사항이다.

수행 과제의 특정한 요구사항 기술하기

하나의 성취기준에 관해서는 다양한 평가가 가능하다. 이때 평가를 위한 수행 과제가 요구하는 특정한 사항을 수준별로 기술해야 한다. 한 3학년 교사가 준비하는 수학 수업 단원의 성취기준 중 하나가 "넓이의 개념을 이해하고 넓이를 곱셈 및 덧셈과 연관시킬 수 있다"라고 가정해보자. 이 성취기준의 도달 여부를 확인할 수 있는 평가 과업은 다양하지만, 이 많은 과업을 한꺼번에 모두 사용할 교사는 없을 테고 아마 적당한 과업을 1~2가지 시행할 것이다. 다음은 넓이의 개념을 학생들이 어떻게 이해하고 있는지를 확인하기 위해 시험이나 수행평가에서 시행할 만한 몇 가지 과업의 예시다.

- 넓이가 무엇인지에 관해 자신이 이해한 방식으로 정의하거나 설명하시오.
- 넓이를 구해야 하는 문제와 그렇지 않은 문제를 구분하시오.
- 1㎠인 정사각형(혹은 그 외 제곱센티미터, 제곱미터, 제곱인치, 제곱피트 등 단위의 정사각형) 개수를 세어 주어진 도형의 넓이를 구하시오.
- 직사각형의 넓이를 구할 때 단위 넓이를 계산해, 그렇게 구한 넓이가 길이와 폭을 곱해 구한 넓이와 같음을 입증하고, 풀이 과정을 쓰시오.
- 공식(넓이=가로×세로)을 사용해 직사각형의 넓이를 구하시오.
- 다이어그램을 사용해 직선 도형을 겹치지 않는 직사각형으로 분해해 그 넓이를 구하고 풀이 과정을 쓰시오.

- 직사각형 표면(바닥, 벽, 창문, 소파, 의자 좌석과 등받이 등)이 있는 방의 모형을 만들고 각 직사각형 표면에 넓이를 표시하시오.
- 넓이를 구해야 하는 독창적인 수학 문제를 만든 후 풀이 과정을 포함한 답을 쓰시오.
- 넓이를 구해야 하는 실생활과 연관된 문제를 만든 후 풀이 과정을 포함한 답을 쓰시오.

위 목록이 완벽하게 설계된 평가 예시가 아니라는 사실에 주의하자. 이 목록은 성취기준의 도달 여부를 나타내는 지표로, 이처럼 다양한 평가 과제가 활용됨을 보여주기 위한 것이다.

또한 어떤 평가는 학생들이 일반적 루브릭의 '우수' 수준에 도달했는지에 대한 증거를 제공하지 않는 경우도 있다는 점에 유의해야 한다. '우수' 수준에서의 이해는 "넓이의 개념을 완벽히 이해하고 있으며 이 개념을 곱셈, 덧셈과 연관시키는 능력을 보여줌. 넓이를 다른 개념과 연관시키거나 새로운 아이디어를 제시하거나, 혹은 응용 문제를 해결함으로써 이해를 확장함" 같은 능력을 수반해야 하는데, "자신이 이해한 방식으로 설명하는 것"은 일반적 루브릭의 '우수' 수준에서 기술하는 수행의 수준이 아니기 때문이다. 물론 학생들이 '우수' 수준에 도달해 스스로의 이해를 확장했다는 증거를 보여줄 수 있는 평가도 있다.

학생들이 자신이 이해한 방식으로 넓이가 무엇인지 설명해야 하는 평가에 관해 생각해보자. 교사는 학생들에게 짧은 서답형 문항이나 독립형 퀴즈 또는 구두 질문을 사용해 이를 수행하도록 요구할 수 있다. 어떤 경우든, 교사는 다음과 같은 특정한 능숙도 기반 루브릭을 사용할 수 있다.

- 능숙 (3) 완전하고 정확하게 설명함.
- 보통 (2) 어느 정도 완전하고 정확하게 설명했으나, 중요한 세부 사항이 누락되었거나 다소 부정확한 세부 사항이 포함됨.
- 기초 (1) 설명이 없거나 잘못되었음.

위에서 제시된 루브릭에 '우수 (4)' 수준이 없는 이유는 자신이 이해한 방식으로 넓이가 무엇인지 설명하는 것이 '우수' 수준에서 기대하는 수행과 일치하지 않기 때문이다. '능숙' 수준의 수행에 관한 설명은 일반적 루브릭(표 6.1 루브릭 참조 – 옮긴이)에서의 '능숙' 수준에 대한 설명과 같다. 만약 학생이 '우수' 수준에 해당함을 증명하고 싶다면 그에 상응하는 수행의 증거를 제공하는 추가적인 평가(예: 넓이를 다른 개념과 연결하기, 새로운 아이디어 제공하기, 혹은 응용문제 해결하기를 통해 이해 확장하기)를 실시해야 한다. 이처럼 특정한 능숙도 기반 루브릭은 특정 평가에서 수준마다 수행이 무엇을 보여주어야 하는지를 설명한다. 그러나 이 루브릭은 특정 과업형 루브릭이 아니라 일반적 루브릭에 해당하는데, 그 이유는 이 루브릭이 학생과의 공유가 가능한 일반적인 용어로 수행을 설명하기 때문이다(이 루브릭의 특정 과업형 버전은 넓이 자체에 대한 설명을 포함할 것이며, 이는 여기에서 요구되는 것은 아니다). 한 단계 더 나아가, 학생들이 수행평가로 실생활과 관련해 넓이를 구하는 문제를 작성하고, 그 풀이 과정을 포함한 답을 써야 한다고 가정해보자(물론 실제 수행평가는 더 자세한 지시 사항이 필요하니 한 문장으로 수행 과제를 안내할 수 있다고 받아들이지 않기를 바란다. 현재 능숙도 기반 루브릭을 주제로 논의 중이기 때문에 추가적인 지시 사항을 포함하지는 않았으나, 한 문장으로 완전한 평가를 구성할 수 있다는 의미가 아님을 짚고 넘어갔으면 한다). 교사는 다음과 같은 특정한 능숙도 기반 루브릭을 사용할 수 있다.

- 우수 (4) 문제 작성, 풀이 및 설명을 통해 넓이의 개념에 대한 확장된 이해를 보임. 자세한 분석을 통해 넓이를 곱셈 및 덧셈과 연관 지어 설명하면서 수학적 언어를 사용해 명쾌하게 문제를 해결함.
- 능숙 (3) 문제 작성, 풀이 및 설명을 통해 넓이의 개념에 대한 완전하고 정확한 이해를 보임. 넓이를 곱셈 및 덧셈과 연관 지어 설명할 수 있는 능력을 보임.
- 보통 (2) 문제 작성, 풀이 및 설명에 다소 오류가 있으며 넓이의 개념에 관해 기본적인 혹은 불완전한 수준의 이해를 보임. 넓이와 곱셈 및 덧셈과의

연관성이 불명확함.

- 기초 (1) 문제 작성, 풀이 및 설명에서 넓이에 대한 이해가 부족하거나 심각한 오개념을 보임. 넓이와 곱셈 및 덧셈과의 연관성이 부정확하거나 혹은 언급되지 않음.

학생들이 자신의 말로 넓이가 무엇인지 설명하는 평가의 루브릭처럼, 이 루브릭도 일반적인 설명으로 기술되어서 과제를 부여할 때 학생들과 공유하기에 매우 좋다. 이 루브릭은 잘된 예시를 제공함으로써 학생들이 자기평가와 동료평가를 할 수 있도록 돕고, 진행 중인 과제에 관해서 교사가 피드백에 집중하고자 할 때 유용하다. 또 하나 중요한 점은 이 특정한 능숙도 기반 루브릭이 표 6.2의 성취기준을 위한 일반적 능숙도 기반 루브릭과 매우 비슷하다는 것이다. 각각의 능숙도 기반 루브릭은 결국 일반적 능숙도 기반 루브릭의 예시나 특정 사례라고 생각하면 이해하기 쉽다.

가끔 단원평가에서도 능숙도 기반 루브릭을 사용할 수 있다. 그러나 해당 평가가 단 하나의 성취기준만을 평가하고, 모든 문제가 우수 단계를 포함한 수준별 성취 수준이 드러나도록 설계되어 있을 때만 성취기준의 능숙도에 관해 백분율 범위를 정할 수 있기 때문에 흔한 일은 아니다. 일반적으로 대부분의 시험은 하나 이상의 성취기준을 평가하거나, '우수' 수준의 수행까지는 끌어내지 않는 문항을 포함하기 때문이다.

어떤 교사가 넓이가 곱셈 및 덧셈과 어떤 관련이 있는지에 대한 능숙도 수준을 파악하는 질문과 학생들이 넓이 개념에 관해 확장된 통찰력과 연관성을 보여줄 개방형 질문을 포함하는 단원평가를 설계했다고 가정해보자. 교사는 다음과 같은 특정한 능숙도 기반 루브릭을 사용할 수 있다.

- **우수** (4) 능숙도의 수준을 파악하는 질문에서 최소 90%의 정답률을 보이며 개방형 질문에서 넓이, 곱셈, 덧셈 및 다른 개념 사이의 연관성을 바르게 설명하는 응답을 함.
- **능숙** (3) 능숙도의 수준을 파악하는 질문에서 최소 80%의 정답률을 보이며 개방형 질문에서 넓이가 무엇인지와 넓이가 곱셈 및 덧셈과 갖는 연관성에 대한 이해를 보이는 응답을 함.
- **보통** (2) 능숙도의 수준을 파악하는 질문에서 최소 60%의 정답률을 보이며 개방형 질문에서 넓이가 무엇인지와 넓이가 곱셈 및 덧셈과 갖는 연관성에 대한 부분적 이해를 보이는 응답을 함.
- **기초** (1) 능숙도의 수준을 파악하는 질문에서 60% 이하의 정답률을 보이며 개방형 질문에서 중대한 오개념을 보이는 응답을 하거나 응답하지 않음.

이때 능숙도 기반 루브릭에서는 단원평가 전체에 해당하는 정답 백분율을 사용하는 것이 적절하지 않을 수 있다는 점을 기억하자. 능숙도 기반 루브릭에서 백분율을 사용하기 위해서는 그 백분율이 "무엇의 백분율인가?"를 고려해야 한다. 이 시험은 평가하고자 하는 성취기준 외 다른 성취기준에 관한 질문을 포함했을 수 있는데, 이러한 질문은 해당 성취기준에 대한 능숙도 평가와는 관련이 없다.

형성평가에서 능숙도 기반 루브릭 사용하기

능숙도 기반 루브릭 역시 다른 루브릭과 같은 방식으로 형성평가에 활용할 수 있다. 다음에 나오는 9장과 10장에서는 루브릭을 사용해 학생들과 학습목표와 평가요소 공유하기, 학생들이 스스로의 학습을 점검하고 조절하는 데 도움 주기 같은 다양한 교실 내 루브릭 사용 전략을 다룰 것이다. 능숙도 기반 루브릭을 사용했을 때 가장 향상되는 2가지 전략은 학생이 스스로 자신의 수행 과정을 추적하는 전략과 자기 목표를 설정하는 전략이다. 이는 능숙도 기반 루브릭이 능숙도에 대한 의미를 모든 과제에 동일하게 적용하기 때문이다.

학생 스스로 자기 수행 과정 추적하기

앞에서 다루었듯이, 어떤 성취기준에 대한 일반적 능숙도 기반 루브릭은 학생의 성취를 파악할 수 있는 일반적 틀을 제시한다. 특정한 평가와 그에 따른 특정한 능숙도 기반 루브릭은 일반적 능숙도 기반 루브릭이 구축한 틀 안에서 학생의 성취가 어느 수준인지 찾는 것을 목표로 한다. 학생들이 해당 성취기준과 관련된 평가에서 자신의 능숙도 수준을 기록할 때, 동일한 틀 안에서 자신의 성취 수준을 파악하기 때문에 자신의 수행 과정을 유의미한 방식으로 추적할 수 있다. 그 결과는 표나 그래프 형태가 되는데, 능숙도를 측정하는 기준에 근거해 해당 성취기준에서 학생이 얼마나 발전했는지를 보여준다. 표 6.3은 "이야기의 전체 구조를 기술하되, 도입부에서는 어떻게 이야기를 소개하고 결말에서는 어떻게 끝낼 것인지를 포함하시오"(CCSS ELA RL 2.5)라는 성취기준과 연관된 일련의 평가에서 자신의 성취 정도를 추적하는 한 학생의 예를 보여준다.

이때 성취기준이 학생 친화적인 언어로 작성되어 있음에 주목하자. 정보를 기록하고 그래프를 만드는 것은 다름 아닌 학생 자신이다. 자신의 수행 과정을 스스로 추적함으로써 학생들은 자신을 성찰하고 질문할 수 있으며, 성취기준에 대한 자신감을 향상시키고 자기주도적 학습을 할 수 있게 된다.

학생 스스로 목표 설정하기

평가 중심의 교실문화에서는 학생들이 스스로 목표 설정을 하는 데 실패하기 쉽다. 주된 이유 중 하나는 학생들이 성적과 연관된 목표를 설정해야 한다고 느끼기 때문이다. 예를 들어, 한 학생이 "나는 다음 시험에서 A를 받고 싶다"라는 목표를 세웠다고 치자. 이 목표를 더욱 유용하게 만들기 위해서는 학생이 "나는 어떤 이야기를 내 동생이 재미있게 들을 수 있게 나의 언어로 다시 잘 전달하는 법을 배우고 싶다"와 같이, 자신이 무엇을 배우고 싶은지, 그리고 그것을 배우고 있다는 것을 어떻게 알 수 있는지 표현하도록 해야 한다.

표 6. 3 — 능숙도 기반 루브릭을 이용한 한 학생의 수행 과정 추적 예시

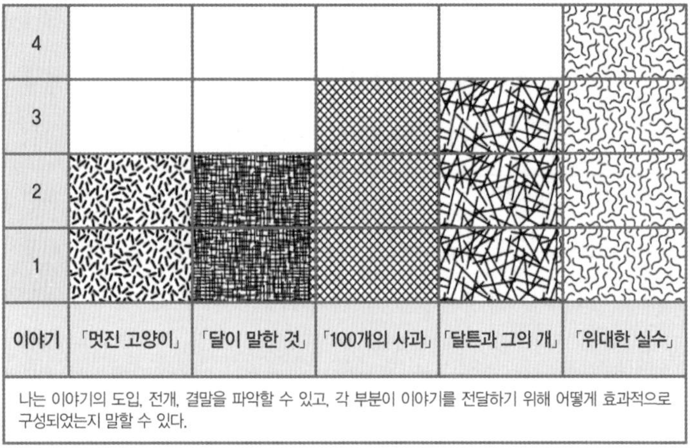

능숙도 기반 루브릭은 수행 내용을 기술하므로 특히 학생들이 배움과 연관된 목표를 설정하도록 돕는 데 유용하다. 예를 들어, "4점

을 받고 싶다"라고 말하는 대신에 "교과서에서 읽은 물의 순환에 대한 정보에서 더 나아가 물의 순환이 우리 동네의 일상적인 날씨와 어떤 관련이 있는지 알고 싶다"라고 말할 수 있다.

성취기준 기반 채점에서 능숙도 기반 루브릭 사용하기

성적에 반영되는 모든 평가의 결과가 동일한 척도를 기반으로 하고 성취 수준이 의미하는 바가 비슷할 경우, 결과를 종합하는 것은 훨씬 수월하다. 평가하는 성취기준에 대한 학생의 성취가 시간의 경과에 따라 어떤 패턴을 보이는지 살펴보자. 그 패턴이 "낮게 시작해서 증가하다가 정체기를 보이는 학습곡선"과 유사한 경우, 정체기 동안 나타나는 학생 점수의 중간값이 해당 성취기준과 관련해 학생의 현재 성취를 나타내는 점수다. 표 6.4는 학생 앤드루와 베일리Andrew& Bailey의 성취 패턴 시나리오를 보여준다.

성취 패턴이 학습곡선과 비슷하지 않고 오히려 시간이 지남에 따라 위아래로 변동을 보이는 경우는 전체 점수의 중간값을 취하면 된다. 이 역시 해당 성취기준에 대한 학생의 현재 성취도를 나타내며, 안타깝게도 평가 기간 동안 개선되지 않은 현재 상태를 나타내기도 한다. 표 6.4에 나온 또 다른 학생 코트Cort의 성취 패턴이 이런 예를

표 6.4 — 하나의 성취기준에 대한 최종 능숙도 등급 산정 예시

학생	성취기준 1						성취기준 2						필요한 경우 추가적인 성취기준이나 과제를 위한 칸을 더 만들 것.	요약		
	9/9	9/14	9/22	9/27	10/3	10/6	9/8	9/14	9/21	9/26	10/3	10/7		성취기준 1	성취기준 2	성취기준 3
앤드루	2	1	2	3	3	3								3		
베일리	2	2	4	3	4	4								4		
코트	3	1	3	2	3	1								2		
(기타)																

앤드루: 성취기준 1에 대한 앤드루의 수행은 초반의 연습 기간 뒤에 정체기를 보이는 학습곡선 양상을 나타낸다. '보통' 수준에서 시작해 3의 수준, 또는 '능숙' 수준에서 안정된 모습을 보이며, 이 정체기의 중간값은 3이다. (3, 3, 3의 중간값: 3)

베일리: 성취기준 1에 대한 베일리의 수행은 학습곡선의 양상을 보인다. '보통' 수준에서 시작해 4, 혹은 '우수' 수준에서 정체기를 보이며, 이때의 중간값은 4이다. (4, 3, 4의 중간값: 4)

코트: 이 학생의 수행은 초반의 연습 기간 뒤에 정체기를 보이는 학습곡선 양상을 보이지 않는다. 성취기준 1에 대해 시간 경과에 따른 뚜렷한 향상이나 퇴보를 보이지 않으니 교사는 그 이유를 파악하기 위해 노력해야 하며, 교사가 능숙도 평가 결과를 조정하기 위한 이유를 찾지 못한다면 코트의 수행은 그가 보여준 점수의 중간값인 2, 혹은 '보통' 수준으로 요약될 것이다. (3, 1, 3, 2, 3, 1의 중간값: 2)

보여준다. 성적표의 형태에 따라 여러 성취기준에 대한 최종 능숙도 평가 결과를 합쳐서 한 과목, 혹은 상위성적 보고기준reporting standard을 위한 등급으로 나타낼 필요가 있을 수도 있다. 이와 관련한 채점 절차에 관해서는 마지막 11장에서 자세히 설명하겠다. 이번 단락의 목적은 능숙도 기반 루브릭이 능숙함 정도를 설명하는 공통적인 틀에 기반을 두고 성취기준에 맞추어 제작된 것이며, 루브릭의 이런 특별한 속성이 동일한 기준으로 평가된 일련의 수행을 요약해 최종 판단을 단순화한다는 사실을 보여주는 데 있다.

요약하기

이 6장에서는 다양한 능숙도 수준이 의미하는 바에 따라 성취기준별로 구성되는 능숙도 기반 루브릭을 살펴보았다. 능숙도 기반 루브릭은 공통적 틀을 사용하므로 학생들은 이를 활용해 스스로 목표를 설정하고, 자신의 수행 과정을 추적할 수 있다. 학생의 발전과 성취에 대한 교사의 평가 역시 단순화할 수 있다.

다시 생각하기

1. 맞는 것을 골라봅시다.
능숙도 기반 루브릭은 지필평가와 수행평가를 포함한 여러 평가에 관해 [동일한/다른] 척도를 사용한다.

2. 능숙도 기반 루브릭을 제작하는 첫 번째 단계는 능숙도 수준의 ____와 ____을 결정하고, 각 ____이 의미하는 바를 기술하는 것이다.

3. 능숙도 기반 루브릭을 사용했을 때, 학생들은 스스로 자신의 ________을 추적하고 배움과 연관된 ________를 설정할 수 있게 된다.

• 답 : 1. 동일한 2. 수, 명칭, 수준 3. 수행 과정, 목표

7

체크리스트와 평정 척도:
루브릭은 아니지만 관계있는 평가도구들

이번 7장에는 2가지 목표가 있다. 첫째는 종종 루브릭과 혼동되는 체크리스트와 평정 척도를 루브릭과 확실히 구별하도록 해 루브릭이 더 적절한 상황인데도 체크리스트와 평정 척도를 사용하는 일이 없도록 하는 것이다. 둘째는 체크리스트와 평정 척도가 유용하게 쓰일 수 있는 몇 가지 상황을 설명하는 것이다.

우리가 루브릭을 체크리스트, 평정 척도와 혼동하는 이유는 단순히 목록을 나열한 평가도구라면 모두 루브릭이라고 잘못 생각하는 경우가 자주 있기 때문이다. 체크리스트와 평정 척도는 둘 다 수행의 질에 대한 설명을 포함하지 않는다는 점에서 루브릭과 큰 차이가 있다. 앞서 살펴본 것처럼, 루브릭을 정의하는 것은 평가요소와 수준별 수행 기술이라는 2가지 특성이다. 체크리스트와 평정 척도에는 이 2가지 중 하나가 없기 때문에 루브릭이라고 할 수 없다.

체크리스트와 평정 척도에도 평가요소가 있다. 평가요소는 교사가 확인 혹은 평가하고자 하는 항목의 "목록"이다. 체크리스트와 평정 척도는 수행의 질에 대한 기술이 필요하지 않을 때 유용하다. 어떤 일이 수행되었는지의 여부를 확인할 때는 체크리스트를, 얼마나 자주 혹은 얼마나 잘 수행되었는지를 확인할 때는 평정 척도를 사용하는 게 바람직하다.

자기성찰

여러분은 수업에서 체크리스트나 평정 척도를 사용하나요? 사용한다면 어떤 목적으로 쓰고 있나요? 또, 학생들이 체크리스트나 평정 척도를 어떤 방식으로 사용하도록 지도하고 있나요?

체크리스트란 여러 특성의 존재 여부를 표시할 수 있는 목록이다. 따라서 체크리스트는 하나의 과제를 별개의 항목으로 나누어 "목록list"을 만든다. 이는 그 과제를 수행하는 데 요구되는 것이 무엇인지를 명확히 한다. 대부분의 체크리스트는 어떤 것이 있는가 없는가처럼, 추론을 많이 하지 않고도 바로 결정할 수 있는 사항들로 구성되므로 루브릭보다 사용하기가 더 쉽다.

체크리스트는 다음 2가지 상황에서 특히 유용하다. 첫째, 체크리스트는 수행의 질보다는 학습 결과물에 특정 속성의 존재 여부, 즉 특정 항목이 있느냐 없느냐가 중요할 때 교사와 학생 모두에게 유용하다. 몇 가지 간단한 학습 결과물의 예를 보자. 저자와 함께 일해온 많은 초등학교 교사들이 문장쓰기를 가르칠 때 표 7.1과 비슷한 학생용 체크리스트를 사용한다. 문장 끝에 마침표를 붙이는 것은 특정 속성이 있는지 없는지를 따질 수 있는 결과물이다(마침표는 있거나 없을 테니 말이다). 예를 들어, 쓰기 과제 체크리스트는 유치원생의 경우는 대문자, 마침표, 하나의 완전한 생각을 포함했는지만 나열하는 식으로 더 간단히 만들 수 있다. 고학년 학생들을 위해서는 철자, 문법 및 용법의 요소를 포함하는 형태로 좀 더 복잡하게 만들 수 있다.

표 7.1 — 문장 쓰기 체크리스트

내 문장은
_____ 대문자로 시작한다.
_____ 마침표(.)나 물음표(?) 또는 느낌표(!)로 끝난다.
_____ 하나의 완전한 생각을 나타낸다.
_____ 누가 혹은 무엇이(주어) 어떤 것을 하는가(서술어)를 모두 포함한다.

둘째, 체크리스트는 학생들이 과제에 대한 지시 사항을 따랐는지, 프로젝트에서 요구하는 필수적인 부분을 모두 포함했는지 혹은 정해진 보고서 형식을 따랐는지 확인하는 데 유용하다. 윌리엄(William, 2011)은 과제를 제출하기 전에 사용하는 체크리스트를 "비행 전 체크리스트"라고 일컬었다. 그가 제안한 방법은 짝이 과제를 제출할 준비가 되었는지 체크리스트로 확인하고, 이를 통해 상대방이 수행한 과제 완성도에 대해 책임감을 느끼도록 하는 것이었다.

이 두 번째 상황에서 체크리스트를 통한 평가는 프로젝트의 질이 아니라는 점에 주목할 필요가 있다. 체크리스트는 학생이 지시 사항을 따랐는지, 과제에 모든 필수 요소가 포함되었는지를 확실히 하기 위해 사용된다. 즉, 이러한 요소를 "체크check"하는 것이다. 교사들은 우수한 과제로 평가받는 데 필요한 요소를 기반으로 한 루브릭을 사용하는데, 대부분의 경우 과제의 필수 요소와는 다르다. 예를 들어 보고서 과제의 체크리스트는 "도입부가 있음", "주제 문장 또는 연구 문제가 있음", "최소 3개의 참고자료가 있음", "도표 또는 다이어그램을 포함함" 같은 항목을 나열할 수 있다. 이는 기본적으로 보고서 과제의 지시 사항이 요구하는 필수 요소를 나열한다. 이와 달리, 교사와 학생이 보고서의 질을 평가하기 위해 사용하는 루브릭에는 보고서의 주제에 관한 이해와 분석, 추론 및 뒷받침 증거의 명확한 전달 등이 평가요소에 포함된다.

평정 척도

평정 척도는 여러 특성이 나타나는 정도를 표시할 수 있는 목록이다. 평정 척도는 2차원적 체크리스트로 생각할 수 있다. 체크리스트와 마찬가지로 과제를 별개의 항목으로 나누지만, 평정 척도는 예/아니요 또는 있음/없음 대신 빈도 혹은 질을 평가해 결정하므로 "평정 척도"라 불린다.

빈도 척도frequency scales는 말 그대로 어떤 특성이 관찰되는 빈도를 '항상'에서 '전혀'(또는 '매우 자주'에서 '매우 드물게')까지, 혹은 이와 유사하게 나열하는 척도다. 과제에 다양한 속성이 존재하는지를 평가하는 체크리스트와 유사한 목적으로 사용하면 매우 좋은데, 꼭 2개를 같이 써야 하는 것은 아니고 필요에 따라 활용하면 된다. 빈도 척도는 행동의 빈도(예: 항상 발생하는지, 자주 발생하는지, 가끔 발생하는지 또는 전혀 발생하지 않는지)에 주목함으로써 많은 행동에 관해 잘 기술할 수 있기에 동작(예: 대중 연설에서 자주, 가끔, 드물게 "눈을 마주친다" 또는 전혀 "눈을 마주치지 않는다")이나 행동, 학습 습관과 기타 학습 기술을 평가하기에 매우 뛰어난 도구다.

표 7.2에는 여러 종류의 빈도 척도가 나열되어 있다. 평정 척도를 만들기 위해서는 체크리스트에서와 같이 평가할 특성을 나열한 다음, 이 특성에 가장 잘 맞는 빈도 척도를 선택하면 된다. 빈도 척도는 표 안의 상자 또는 선 위의 점 같은 선택형으로 표시한다.

표 7.2 — 빈도 척도의 예

척도	일반적인 용도
항상, 자주, 때때로, 전혀 일관되게, 자주, 가끔, 드물게 항상, 대개, 가끔, 전혀 거의 항상, 대개, 자주, 가끔, 거의 드물게 아주 자주, 자주, 가끔, 드물게, 아주 드물게, 전혀 [일반적으로 4가지 선택으로 충분하나 위의 예시처럼 다른 가짓수의 선택지도 가능함]	학생들이 얼마나 자주 행동이나 학습 기술을 나타내는지 평가하기 위해(예: 스스로 학습하기, 지시 사항 따르기, 숙제 완전히 끝내기) 학생들이 얼마나 자주 자신의 과제에 관해 특정 감정이나 태도를 보이는지 평가하기 위해(예: 나는 과제를 잘할 자신이 있다)
모두, 대부분, 일부, 없음 [때때로 명사와 함께 사용됨. 예를 들어 모든 문제, 대부분의 문제, 일부의 문제, 전혀 해당 없음; 모든 문장, 대부분의 문장, 일부의 문장, 전혀 해당 없음]	문항 혹은 연습 문제에서 얼마나 자주 특정 특성을 나타내는지 평가하기 위해(예: 올바른 단위를 사용해 답안 작성하기, 풀이 과정 모두 포함하기) 특정 유형의 과제에서 얼마나 자주 바람직한 특성을 나타내는지 평가하기 위해(예: 학생들은 문장 쓰기 과제/평가에서 각각의 문장에 관해 체크리스트를 사용하는 대신 문장에 대한 전반적인 평가를 할 수도 있다: 내 문장은 …… 대문자로 시작한다, 구두법을 적절히 따른다 등등)

표 7.3은 고등학교 화학 교사가 부피와 온도 문제와 관련된 학생들의 과제 수행을 확인하기 위해 사용한 빈도 척도다. 이 목록은 학생들이 과제에서 사용해야 하는 6가지 기술을 포함하고 있으며, 빈도 척도는 학생들이 그 기술을 얼마나 많은 문제(전체, 대부분, 일부 또는

표 7.3 — 학생 자기평가에 사용된 평정 척도

기술	이 과제에서 나는 ……에 해당 기술을 성공적으로 사용했다.			
	모든 문제	대부분의 문제	일부의 문제	전혀 해당 없음
주어진 정보를 올바른 방정식으로 작성함		V		
문제에서 미지수가 무엇인지 알아냄	V			
섭씨 온도를 켈빈 온도로 변환함		V		
샤를의 법칙 방정식을 작성함			V	
방정식을 풀어 미지수를 알아냄	V			
모든 숫자를 올바른 단위 기호와 함께 작성함	V			

없음)에서 사용했는지 보여준다. 표 7.3의 평정 척도를 통해 학생은 문제를 풀고 나서, 특히 샤를의 법칙(기체의 부피는 기체의 온도에 비례한다는 법칙)을 식으로 나타냈는지 재확인해야 한다는 것을 쉽게 알 수 있다.

질 평정 척도quality rating scales 는 최우수, 우수, 보통, 미흡 같은 수행의 질에 관한 판단을 나열하는 척도다. 종종 루브릭으로 오인되어 루브릭 대신 사용된다는 문제가 있다. 질 평정 척도는 학습에 거의 도움이 되지 않는데, 아래 3가지 이유 때문이다.

첫째, 질 평정 척도는 한 단계를 건너뛰어 성급한 판단을 내리게 한다. 다시 말하면 증거에 대한 설명 없이 판단을 내린다는 뜻이다. 실제로 질 평정 척도는 "평가자가 우수하다고 평가했기 때문에 우수함" 등으로 딱 잘라 말하며, "수행 수준"이 있긴 하지만 수준에 대한 설명이 없다. 학교와 인터넷에서 "루브릭"이라고 이름 붙여진 많은 예시를 볼 수 있는데, 실제로 그것들은 학습보다는 과제에 대한 "평가요소"를 기반으로 하는 질 평정 척도다.

둘째, 질 평정 척도는 성취기준에 관한 설명 없이 판단만 제공한다. 예를 들어 '우수' 수준의 학생이 '최우수' 수준에 도달하고자 하는 경우, 원하는 수준에 도달하기 위해 앞으로 무엇을 해야 하는지 결정하는 데 필요한 정보를 얻을 수 없다.

이렇게 학생의 배움과 성장을 위한 정보가 없는 질 평정 척도는 변화를 가로막는다. 루브릭을 사용해야 하는 상황에서 그 대신에 가장 많이 잘못 쓰이는 것이 최우수-우수-보통-미흡의 질 평정 척도인데, "성취기준에 기반을 둔" 것처럼 쓰인 질 평정 척도 역시 루브릭과 혼동하기 쉽다. 다시 말해 각 수준에 대한 설명 없이 '우수, 능숙, 보통, 기초' 같은 단어만 나열되어 있다면, 이는 루브릭이 아니라 평정 척도다. "우수한 수준에서 문제를 해결함", "능숙한 수준에서 문제를 해결함" 등은 "기술"처럼 보이지만 실제로는 기술이 아니라 판단이기 때문에, 이 역시 루브릭이 아니라 문장의 형태로 꾸며진 평정 척도일 뿐이다. 이 문장들 역시 배움과 성장을 촉진할 수 있는 수행이 무엇인지 가르쳐주지 않는다.

셋째, 질 평정 척도는 과제 기반 평가요소에 적용하기 쉽기 때문에 교사가 종종 이 평가요소를 사용하도록 유혹한다. 과제 기반 평가요소를 사용한다는 것은 하나의 과업을 부분으로 쪼개서 이에 대한 등급을 부여한다는 의미다. 예를 들어, 보고서의 경우 과제 기반 평가요소는 '서론, 본론, 삽화' 그리고 '참고자료'가 될 수 있다. 학교 과제 평가에서 이렇게 과제의 각 평가요소에 관해 등급을 부여하는 질 평정 척도를 사용한다면 이는 아무 설명 없이 등급을 부여하는 판정을 내리는 성적 부여 방식을 택하고 있다는 의미다.

자기성찰

여러분이 지금 사용하고 있는 체크리스트나 평정 척도 중 앞으로 루브릭으로 수정해서 사용하고 싶은 것이 있나요? 지금 사용하고 있는 루브릭 중 체크리스트로 수정(예: 과제의 요구 사항을 제시하기 위해)한다면 더욱 효과적일 것으로 생각되는 것이 있나요? 이런 수정 작업은 어떻게 진행하는 것이 좋을까요?

루브릭은 바로 이러한 문제에 대한 해결책으로 1980년대부터 주목받기 시작했다. 교육자들이 기초학력평가의 남발에 대한 해결책으로 수행평가를 생각하기 시작하면서 루브릭은 "숫자로만 이루어진" 평가 결과에 대한 해결책이 되었다. 따라서 루브릭을 질 평정 척도와 동일시하는 것은 애초에 루브릭 사용의 의미와 목적을 해치는 것이 된다.

요약하기

이 책이 루브릭을 주제로 하는데도 체크리스트와 평정 척도에 관한 장을 포함한 이유는 다음과 같다. 첫째, 체크리스트와 평정 척도를 루브릭과 구별하면 루브릭의 특성을 더 명확하게 알 수 있다. 평정 척도는 종종 루브릭처럼 보이는 경우가 있어 착각하기 쉬우니, 이 2가지를 구별할 수 있어야 한다. 평정 척도는 가능하면 사용하지 않거나 혹은 수정해서 써야 한다.

둘째, 체크리스트와 빈도 평정 척도는 그 자체로, 또는 루브릭과 함께 사용할 때 몇 가지 중요한 쓸모가 있다. 체크리스트는 학생들이 지시 사항을 따랐는지, 과제의 모든 필수 요소를 포함했는지, 형식의 요구 사항을 준수했는지 등을 확인하는 데 유용하다. 빈도 평정 척도는 특정 유형의 수행 기술을 평가하고 행동, 작업 습관 및 기타 학습 기술을 평가하는 데 유용하다.

마지막으로 이 7장에서는 종종 루브릭으로 오인되는 질 평정 척도를 구분하고 정의했다. 질 평정 척도는 교사가 루브릭을 쓰고자 의도한 상황에서 오히려 옛날 방식의 채점이나 성적 부여 방식을 허용하는 트로이 목마가 될 수 있으니, 이에 유의하고 되도록 사용하지 않기를 바란다.

다시 생각하기

1. 해당하는 뜻과 연결해보세요.

체크리스트 ▪	▪ 여러 특성이 나타나는 "정도"를 표시한 목록
평정 척도 ▪	▪ 여러 특성의 "존재 여부"를 표시한 목록

2. 루브릭과 달리 체크리스트나 평정 척도는 수행의 질에 대한 설명을 포함하지 않는다. (○, ×)

• 답 : 1. 대각선으로 연결한다. 2. ○

8

다양한 주제와 종류의 루브릭 예시

이 8장에서는 초등학교 읽기, 중학교 과학 교육, 고등학교 기술 교육 등 다양한 주제 영역과 학년에서 실제로 활용한 루브릭 예시를 추가적으로 소개한다. 여러분이 현재 가르치는 학년의 수준이나 주제, 내용과 다르더라도 이 예시들을 읽어보는 것이 루브릭을 심도 있게 이해하는 데 큰 도움을 줄 것이다.

소리 내어 읽기 유창성 루브릭

나는 특히 표 8.1 예시가 마음에 든다. 저자와 함께 일했던 지역

타이틀 I 읽기 교사(타이틀 I 교사란 핵심 교과의 교육목표 달성 기준에 미치지 못하는 성취를 보이는 학생을 도와주는 교사다. 우리나라의 기초학력부진 협력교사와 비슷하다-옮긴이) 몇몇은 이 루브릭을 약간씩 변형해서 사용했다. 이 중 카트리나 킴멜Katrina Kimmell은 펜실베이니아주 키타닝 자치구의 웨스트힐스초등학교 타이틀 I 읽기 교사로, 저자가 여기에서 제시하는 루브릭 형태와 학생 사례는 이 수업에서 가져온 것이다. 이 지역 1학년 학생들은 대본이 있는 교육과정scripted curriculum(수업 활동의 순서가 정해져 있고 교사가 정해진 수업 대본을 기반으로 수업하는 교육과정-옮긴이)에서 학습 중이었다. 이 교육과정은 읽기 유창성과 관련한 학업 능력 향상 여부를 적어도 매주 1번씩 모니터링할 것을 요구했다. 읽기 유창성의 향상 정도는 학생들이 1분당 몇 개의 단어를 정확히 읽었는지를 관찰해 확인했다. 학생들의 유의미한 학습에 대해 진정한 관심이 있었기에 교사들은 "소리 내어 읽기 유창성"이 학생들에게 단순히 1분당 몇 개의 단어를 정확하게 읽는가, 그 이상의 의미가 있다는 사실을 잘 인지하고 있었다. 표 8.1은 킴멜 교사가 사용한 루브릭을 보여준다.

여기서 주목할 점은 이 루브릭이 "전혀, 조금, 꽤, 아주"와 기타 용어를 사용해 최대한 단순화된 척도를 사용한다는 점이다. 킴멜 교사의 어린 학생들이 이 평정 척도에 사용된 단어와 개념을 이해하기는 했지만, 용어 자체는 해석의 여지가 많다(예를 들어 "꽤"라는 것은 과연 어느 정도를 의미할까?). 하지만 교사는 "소리 내어 읽기 유창성"이라는 학습목표와 평가요소(표현력, 띄어 읽기, 속도)를 동시에 가르치면서 학생들이 척도상 각각의 점수의 의미에 관해 명확히 이해하도록 지도했다. 킴멜 교사는 루브릭을 이용해서 학습목표가 무엇인지 학생들과 공유했고, 이를 어떻게 활용할 수 있는지 직접 시범을 보이고 설명한 다음에 학생들이 자기평가 용도로 루브릭을 활용하게 했다. 킴멜 교사가 실제 한 일은 다음과 같다.

첫째, 먼저 킴멜 교사는 학생들에게 읽기 연습을 할 것이라고 상황을 설명했다. 몇 차례 연습한 후, 학생들은 녹음기를 사용해 소리 내어 읽은 내용을 녹음했다. 그 후 소리 내어 읽기 유창성 루브릭을 활용해 자신의 수행을 스스로 평가했다.

둘째, 킴멜 교사는 루브릭을 어떻게 사용해야 하는지 시범을 보이며 성공적인 학습목표와 평가요소를 설명했다. 해당 루브릭을 이용해 학생들에게 소리 내어 읽기를 잘하기 위해서는 필수적인 3가지 다른 영역이 있다는 것을 보여주었다.

첫 번째 요소는 '표현력'이다. 교사는 학생들에게 "이게 무슨 뜻일까? 책을 소리 내어 읽을 때 표현이 풍부하면 어떻게 들릴까?" 하고 질문한 후, 잠시 설명을 멈추고 학급토론을 했다.

두 번째 요소는 '띄어 읽기'다. 교사는 로봇처럼 읽는 모습을 보여주면서, 띄어 읽기란 이렇게 단어를 하나하나 읽는 게 아니라고 설명했다. 띄어 읽기는 우리가 실제로 말할 때처럼 몇 개의 단어를 이어붙여 한 번에 읽는 것이라고 알려주었다. 그다음 설명을 멈추고 다시 "로봇처럼 읽기"와 "말하는 것처럼 읽기" 시범을 보여준 후 학급 토론을 하게 했다.

마지막 요소는 '속도'다. 소리 내어 읽기를 잘한다는 것은 청자가 이해할 수 없을 정도로 너무 빠르게 말하지도, 지루함을 느끼거나 혹은 어떤 내용을 말하는지 알 수 없을 정도로 너무 천천히 말하지도 않는 것이다. 그 후에 킴멜 교사는 각각의 영역에서 최고 수준(4)의 수행이 무엇인지 기술한 내용을 학생들과 점검했다. 학생들은 소리 내어 읽기를 연습한 후 제 목소리를 녹음했다. 마지막으로 학생들은 소리 내어 읽기 유창성 루브릭을 활용해 자신의 수행을 평가했다.

이 루브릭 예시에 등장한 학생 대니얼Daniel은 읽기 활동을 하기 전에, 자신이 지난주에 분당 몇 개의 단어를 정확하게 읽었는지 기록한 표를 보고 51개라는 걸 확인했다. 교사는 대니얼에게 이번에는 적어도 53개를 정확하게 읽기 위해 노력했으면 좋겠다고 권했는데, 대니얼은 61개를 목표로 하고 싶다고 했다. 교사는 "그만큼 읽을 수 있다면 진짜 대단한 거지만 53개 이상만 정확히 읽을 수 있어도 잘한 거야"라고 격려했다. 둘은 손가락으로 짚어가며 단어를 읽는 방법이나 알파벳을 하나씩 읽어서 소리를 확인한 후 합쳐서 빨리 읽는 방법 등 아이가 읽기 훈련에서 사용할 수 있는 전략을 논의했다. 그 후 읽기 활동에서 대니얼은 1분에 61개 단어를 정확하게 읽었고, "보세요, 제가 할 거라고 했잖아요!"라고 자랑스럽게 외쳤다.

표 8.1에서 볼 수 있는 대니얼의 자기평가 결과와 아이가 던진 질문, 자신의 성공에 대한 반응은 어린 학생이 "유창하게 읽는 방법 배우기"라는 수업 목표를 이해하고 있었다는 것을 보여준다. 대니얼은 이 루브릭을 통해 특정한 평가요소에 따른 학습목표를 더 잘 이해해

표 8.1 — 소리 내어 읽기 유창성 루브릭

소리 내어 읽기 유창성 루브릭

이름: 대니얼　　날짜: ________

표현력	1 표현을 전혀 안 했어요.	2 표현을 조금이나마 했어요.	3 표현이 꽤 풍부했어요.	(4) 표현이 아주 풍부했어요.
띄어 읽기	1 띄어 읽기를 전혀 안 했어요.	2 띄어 읽기를 약간 했어요.	3 띄어 읽기를 꽤 잘했어요.	(4) 띄어 읽기를 아주 잘했어요.
속도	1 너무 느리거나 너무 빨라요!	2 속도가 조금 느리거나, 조금 빨라요.	3 거의 완벽하지만 연습이 조금 더 필요해요.	(4) 딱 좋아요!

※출처: 카트리나 킴멜 교사, 미국 펜실베이니아주 키타닝 웨스트힐스초등학교. 교사의 사전 허락을 받고 사용함.

서 이에 따라 더욱 노력할 수 있었다. 또한 1분당 몇 개의 단어를 정확하게 발음했는지를 넘어 훨씬 더 다차원적으로 자신의 성공을 해석하게 되었다.

과학 실험 보고서 루브릭

한 8학년(한국에서는 중학교 2학년에 해당한다-옮긴이) 과학 통합수업에서 일반교사와 특수교사가 함께 수업을 진행했다. 그들은 과학 탐구 과정을 실험 보고서로 작성하는 방법뿐 아니라, 이와 관련된 기술skills—검증 가능한 질문과 가설을 만들고 이에 답하기 위해 데이터를 모아 해석하는 일—을 가르치고자 했다. 교사들은 "실험 보고서 쓰는 방법" 자료와 인터넷에서 찾아서 수정한 표 8.2의 루브릭을 준비했다. 또한 실험 보고서 수업을 통해 학생들이 실험 보고서를 쓰기 전에 바람직한 예시를 살펴보도록 했다. 실험을 하는 동안 교사들은 학생에게 과학 교과 내용(이 실험의 경우, 물 여과하기)과 필요한 자료에 관한 정보와 조언을 제공했다. 학생들은 실험 보고서를 다 쓰고 제출하기 전에 해당 루브릭을 사용해 스스로 자신의 보고서를 평가하면서 수정 사항이 무엇인지 확인했다.

표 8. 2 — 과학 실험 보고서 루브릭

	4	3	2	1
서론–연구 질문과 가설	연구 혹은 타당한 추론에 기반하며 검증이 가능한 가설을 명시함. 보고서 제목이 연구 질문이나 가설을 나타냄.	연구 혹은 타당한 추론에 기반하며 검증이 가능한 가설을 명시함. 보고서 제목이 연구 질문이나 가설을 나타내지 않을 수 있음.	가설을 명시했으나, 그 기반이 분명하지 않거나 검증이 불가능함. 보고서 제목이 연구 질문이나 가설을 나타내지 않을 수 있음.	가설을 명시하지 않음. 서론이 빠져 있거나 불명확하거나 주제나 과제에 관한 일반적인 서술임.
절차–실험 설계	실험이 어떻게 실행되었는지에 관한 매우 상세한 설명 혹은 단계별 절차를 포함하고 있음.	실험이 어떻게 실행되었는지에 관한 매우 상세한 설명 혹은 단계별 절차를 포함하고 있지만 빠진 단계가 있음.	실험이 어떻게 실행되었는지에 관한 설명 혹은 단계별 절차가 모호하고 타인이 실험을 따라 하기가 어려움.	설명이 불명확함. 설명이 부족해 실험을 반복해서 할 수 없음.
결과–데이터 수집	결과와 데이터를 정확하게 기록하고 정리해 전체적인 경향을 보기 쉬움. 보고서의 데이터가 무엇을 나타내는지 적절히 명시함.	결과가 명확하고 보고서의 데이터가 무엇을 나타내는지 명시함. 전체적인 경향이 분명하지 않음.	결과가 불명확하고 보고서의 데이터가 무엇을 나타내는지 명시하지 않음. 전체적인 경향이 전혀 분명하지 않음.	결과를 제시하고 있으나 정리가 체계적이지 않거나 기록이 빈약해 이해하기 어려움.
데이터 분석	데이터와 관찰 결과를 정확하게 분석하고, 전체적인 경향에 관해 언급함. 충분한 양의 데이터를 통해 결론을 도출함.	데이터와 관찰 결과를 분석함에 있어 통찰력이 다소 부족함. 데이터의 양은 충분하나 추가적인 데이터가 분석 결과의 설득력을 향상시킬 여지가 있음.	데이터와 관찰 결과를 분석함에 있어 통찰력이 부족함. 전체적인 경향을 도출할 만큼 충분한 양의 데이터를 수집하지 못함. 혹은 데이터와 분석 내용이 일치하지 않음.	분석이 부정확하고 불충분한 데이터에 기반함.
결과 해석 및 결론 도출	데이터를 요약해 가설에 대한 논리적인 결론을 도출함. 연구 결과의 현실적인 적용 방안을 논의함.	데이터를 요약해 가설에 대한 결론을 도출함. 일부 논리의 타당성이 빈약하거나 현실적인 적용 방안이 명확하지 않을 수 있음.	가설에 대한 결론이 데이터로부터 도출되지 않음. 일부 논리의 타당성이 빈약하거나 현실적인 적용 방안이 명확하지 않을 수 있음.	가설에 대한 결론이 명시되지 않음. 논리의 타당성 혹은 현실적인 적용 방안이 빠져 있음.

이 루브릭을 사용한 후 한 특수교사는 그 경험에 관해, 학생 대부분이 "수준 높은 결과물의 구성요소가 무엇인지 더 잘 이해할 수 있게 되었고, 교사가 기대하는 것이 무엇인지 명확하게 알 수 있었다"라고 성찰했다. 이 수업에 참여한 학생들은 자신의 과제물을 루브릭의 평가요소와 세부 내용과 비교하면서, 그 비교에 근거해 자신의 결과물을 어떻게 개선할 것인지 결정할 수 있었다. 그 과정에서 더 큰 책임감을 느끼고 스스로 학습에 임하게 되었다.

성취 수준에 하나도 도달하지 못한 결과물이 나온 그룹도 있었지만, 이 그룹에도 루브릭은 유용하게 쓰였다. 루브릭은 교사와 학생 모두에게 개선할 부분이 무엇인지(데이터로부터 결론을 도출하고 표현하는 것)를 알 수 있게 도왔다. 이런 관점에서 보면, 루브릭이 학생들에게 다음 단계를 위한 정보를 제공했다는 측면에서 성취 수준에 도달하지 못한 결과물에도 도움이 되었음을 알 수 있다.

용접 루브릭

기술 교육은 내 교수 경험이나 경력과는 무관하지만 중요한 영역 중 하나다. 앤드루 로웨더Andrew Rohwedder는 미국 노스다코타주 리처드턴에 위치한 리처드턴테일러고등학교의 기술 교사다. 표 8.3은 로웨

더 교사가 만든 용접하기에 관한 루브릭이다.

이 용접 루브릭은 잘 만들어진 루브릭의 훌륭한 예시다. 명확하고 기술적descriptive이다. 학생들과 공유해 사용할 수 있으며, 채점뿐 아니라 학습과 형성평가, 특히 학생의 자기평가에 유용하다.

저자는 기술 교육에 관해 아는 게 없었기 때문에 새로운 학습자의 방식으로 이 루브릭을 읽어볼 수 있었다. 여러분도 나처럼 기술 교육에 관해 아는 게 없다면, 잘 짜인 루브릭이 어떻게 학습목표를 명확히 제시하는지 살펴보자. 이 루브릭을 처음 읽었을 때 나는 잘된 용접은 어떤 모습일지 마음속에 생생하게 떠올릴 수 있었다.

루브릭을 읽다가 의문이 드는 부분도 있었다. 평가요소 중 2가지(용접 폭 및 두께, 외형)가 모두 외형과 관련된 것으로 보였는데, 이 루브릭이 매우 잘 설계되었다는 점을 고려했을 때 교사가 같은 내용을 두 번 썼을 것 같지는 않았다. 그래서 이 2가지 평가요소의 차이점이 무엇인지 물었고, 이를 통해 용접하기에 관해 더 잘 알게 되었다.

로웨더 교사는 다음과 같이 말했다. "용접의 폭은 용접하는 사람이 통제하는 많은 요인에 따라 달라집니다. 보통 용접의 폭은 용접하기 전에 이음새를 만들기 위한 사전 작업이 어떻게 되었는지, 그리고 금속의 두께가 얼마나 되는지에 비례하지요. 용접의 두께는 용접하는 사람이 사용하는 필러 금속filler material(용접할 때 두 조각의 금속을 결합하는 데 사용되는 모든 재료 - 옮긴이)의 양과 열에 따라 달라집니다. 그리고 이 모든 것은 다시 모재parent material(용접의 대상이 되는 재료 – 옮긴이)와 이음새의 사전 작업, 이음새 종류에 따라 결정되지요. 용접의 외형은 매끄럽고 균일하며 슬래그slag(불순물 때문에 표면에 생성되는 금속 산화물 – 옮긴이) 없이 깎여 있어야 합니다."

표 8.3 — 용접 루브릭

	우수 4점	능숙 3점	보통 2점	미흡 1점	합계
슬래그 제거 100% 모든 슬래그를 깎아냄. 용접 비드(용접 작업과 그 궤적으로 인해 생긴 띠 모양의 자국)가 깔끔함.	비드를 깔끔하게 깎고 철사 브러시로 닦음.	비드가 어느 정도 깔끔함. 비드 가장자리에 슬래그가 거의 없음.	비드가 거의 깎이지 않은 상태이며 철사 붓질이 필요함.	슬래그 제거에 대한 노력이 거의 보이지 않음.	
용접 폭 및 두께 100% 용접 부위 전체에 걸쳐 폭과 두께가 균일함	용접 부위 전체에 걸쳐 폭이 균일함. 외형이 매끄러움.	비드의 폭과 길이가 일정함. 용접 부위를 따라 약간의 흠집이 있음.	용접 부위의 두께가 전반적으로 균일하지 않음. 두께가 들쭉날쭉함.	용접 부위가 중간중간 끊어져 있고 전반적으로 균일하지 않음. 용접이 되어 있지 않은 부분이 보임.	
외형 100% 표면이 매끄럽고 리플(용접으로 인해 생긴 표면의 물결)이 촘촘함. 용접 속도가 너무 빠르거나 느리지 않음.	용접 속도가 일정하고 용접 부위 전체에 걸쳐 리플이 균일함.	용접 속도가 일정하고 흠집이 거의 없음.	용접 속도가 너무 빠르거나 느린 부분이 뚜렷하게 나타남. 리플이 거친 경향을 보임.	용접 속도가 너무 빠르거나 느림. 용접이 완성되지 않음. 용접 안에 불순물이 포함됨.	
비드의 표면 100% 표면이 볼록하고 빈 공간이나 너무 높은 부분이 없음. 비드가 전반적으로 균일함.	표면이 너무 높지도, 낮지도 않게 볼록함. 비드가 각 용접 부위를 넓게 덮고 있음.	표면이 둥글고 대체적으로 균일하지만, 몇몇 부분이 높거나 낮음.	표면에 높거나 낮은 부분이 많아 전반적으로 전혀 균일하지 않음.	용접 부위가 하나의 비드를 형성하지 않음.	
비드의 가장자리 100% 용해 상태가 좋음. 오버랩(용접할 부분 위로 흘러넘침)이나 언더컷(용접할 부분을 다 채우지 못하고 움푹 파인 홈이 생김)이 없음.	옆면과 가장자리가 부드럽고 각 용접 부위에 잘 용해됨. 언더컷이나 오버랩이 거의 없음.	적당히 부드럽게 용해됨. 오버랩 혹은 언더컷이 있으나, 단단하게 용접됨.	오버랩 혹은 언더컷이 매우 잘 보임. 단단하게 용접되지 않았으며 비드의 흐름이 끊김.	용락(용접한 금속이 녹아 떨어지는 현상)이 발생해 용접 부위가 금속재와 이어져 있지 않음.	

처음부터 끝까지 완전한 크기로 완성 100% 크레이터(용접 끝부분이 움푹 팬 것) 부분이 잘 채워짐.	각 용접 부위의 끝부분이 완전히 마무리됨. 용접선의 한쪽이 더 좁아지지 않음.	용접 부위의 끝이 채워져 있으나 용접선이 약간 좁아지고 크레이터가 존재함.	비드의 끝부분에 크레이터가 명백히 존재함.	비드의 끝부분에 용락이 발생함.	
용접 플레이트 주변 100% 용접 부위 표면에 스패터(용접하는 금속이 용접 부위 금속재에 정상적으로 녹아 붙지 않고 사방으로 튀어 흩날리거나 주위에 작은 덩어리의 상태로 붙어 있는 것)가 없음.	스패터가 거의 없음.	스패터가 약간 존재하지만, 미관을 해칠 정도는 아님.	스패터가 많음.	스패터로 인해 용접 부위 본래의 모습을 볼 수 없음.	
용입(용접열로 금속이 녹아 들어 가는 현상) **100%** 용락 없이 용입을 완성함.	금속 깊숙이 용입이 발생해 용접을 더욱 단단하게 하고 용접 부위의 가장자리와 깊은 부분까지 잘 용해되게 함.	금속 깊숙이 용입이 발생했지만, 이음새로 연결된 용접 부분의 아래쪽으로 다시 용접 부위가 드러나지 않음. 용접의 깊이가 고르지 않음.	용접 부위 전체에 걸쳐 균일하지 않음.	용접 부위가 금속재 위에 떠 있음. 접합력이 없음.	

※출처: 앤드루 로웨더 교사, 미국 노스다코타주, 리처드턴, 리처드턴테일러고등학교, 사전 허락을 받고 사용함.

위와 같은 기술 교과 루브릭은 이 책의 요점을 생생하게 구현한 사례다. 잘 만들어진 루브릭은 학생들(혹은 용접에 관해 잘 몰랐던 저자처럼, 학습목표가 정확히 무엇인지 아직 모르는 사람들)에게 학습목표가 무엇인지 명확하게 알려주며, 채점뿐 아니라 학습과 형성평가를 위한 토대가 된다. 가장 중요한 점은 이러한 루브릭은 학생들이 스스로 학습을 위해 사용할 수 있는 도구가 된다는 것이다.

요약하기

자기성찰

이 책의 1부를 읽고난 후 루브릭에 대한 현재 생각은 어떤가요? 책을 읽기 전 첫 번째 자기성찰에서 답했던 것과 어떻게 달라졌는지 비교해봅시다.

이 책은 다양한 루브릭의 예시로 가득하다. 하지만 예시는 많을수록 좋으니 예시가 '너무' 많다고 생각하지 않기를 바란다. 앞서 2장에서는 루브릭의 좋지 않은 용례 "나의 주 포스터"를, 3장에서는 다소 엉뚱한 내용의 웃음에 대한 루브릭을 살펴보았다. 3장에서 다룬 생애주기 프로젝트 루브릭 예시에서는 아직 완성되지 않은 루브릭을 어떻게 개선하고 수정할 수 있을지를 다루었다. 4장은 기초 능력을 위한 일반적 루브릭의 예시(6+1 특성 글쓰기 루브릭, 수학 문제 해결 능력 평가를 위한 학생 친화적 루브릭, 보고서 쓰기와 창의성을 위한 루브릭)를, 5장은 특정 과업형 루브릭의 예시를 포함했다. 6장에서는 넓이의 개념과 이와 관련된 곱셈, 나눗셈을 이해하기 위한 일반적 루브릭과 능숙도 기반 루브릭의 예시를 제시했다. 7장에서는 체크리스트와 평정 척도의 예시를 살펴보며 어떤 때 유용하게 쓰일 수 있는지, 그리고 대조적으로 이들이 왜 루브릭이 아닌지를 논의했다. 8장은 초등학교의 읽기 활동, 중학교의 과학 교과, 고등학교의 기술 과목을 사례로 3가지 루브릭 예시를 추가했다.

교사 여러분이 수많은 예시를 통해 바람직한 루브릭의 특징을 귀납적으로 일반화할 수 있기를 바란다. 이 책에서 언급된 바람직한 루브릭의 특징과 스스로 내린 결론을 나란히 두고 그 둘이 얼마나 일치하는지 살펴보자. 2가지가 서로 비슷하다면, 여러분은 효과적인 루브릭이란 무엇인지 명확히 알고 있다.

이 8장은 다양한 주제와 종류의 루브릭(혹은 7장에서 다룬 체크리스트나 평정 척도 같은 루브릭과 관련된 도구)과 루브릭 제작 방법을 다룬 1부의 마지막 장이다. 2부에서는 루브릭의 사용법을 설명한다. 루브릭의 다양한 용도를 탐색하면서, 루브릭을 구성하는 2가지 핵심 요소인 적절한 평가요소와 연속선상에서 기술된 수준별 수행 설명이 얼마나 중요한지 깨닫기를 바란다. 루브릭 구성에 있어 가장 중요한 이 2가지 요소가 없다면, 2부에서 설명할 루브릭의 활용 효과는 미미할 것이기 때문이다.

다시 생각하기

1. 다음 중 킴멜 교사가 학생들이 소리 내어 읽기 유창성 평가 루브릭을 잘 이해할 수 있도록 지도한 방법에 모두 표시하세요.

□ 루브릭을 이용해 학습목표 공유하기 □ 루브릭을 어떻게 활용할지 직접 시범 보이기

□ 루브릭의 평가요소 설명하기 □ 루브릭이 성적표의 점수에 얼마나 반영되는지 계산하기

2. 과학 실험 보고서의 경우 성취 수준에 하나도 도달하지 못한 그룹에는 루브릭이 유용하게 사용되지 않았다. (○, ×)

• 답 : 1. 앞의 3개만 표시한다. 2. ×(루브릭은 교사와 학생 모두에게 개선할 부분이 무엇인지 알 수 있게 돕고, 학생들에게 다음 단계를 위한 정보를 제공했다.)

2부

학생과 교사를 위한 효과적인 루브릭 사용법

9

루브릭과 형성평가:
학생과 학습목표 공유하기

학습목표는 수업에서 배울 내용을 학생이 이해할 수 있는 언어로 기술해 학생이 오늘의 수업 목표를 향해 나아갈 수 있도록 돕는다(Moss & Brookhart, 2012). 학습목표에는 학생이 목표에 얼마나 근접했는지 스스로 판단할 수 있는 평가요소가 포함되어 있다. 루브릭 역시 평가요소로 이루어져 있다. 따라서 루브릭(혹은 수업의 초점에 따라 루브릭 일부를 활용하는 것)은 학생과 학습목표를 공유할 수 있는 훌륭한 수단이 될 수 있다.

학생이 스스로 무엇을 배워야 하는지를 알고 있으면 학습의 효과가 더 높아질 것이라는 전제는 매우 중요하다. 대부분의 교사 양성 프로그램은 수업 목표를 강조하는데, 이는 교사가 수업을 계획하는 데 매우 유용한 도구임이 틀림없다. 그러나 수업 목표는 교사 시점의 언어("학생들은 ……를 할 수 있게 될 것이다")로 쓰여 있어서 학생을 3인칭으로 진술할 뿐 아니라, 그 내용이 교사 관점에서 바라보는 학습 증거를 의미한다. 이와 대조적으로 학습목표는 학생 관점에서 찾을 수 있는 학습의 증거를 반드시 포함해야 한다. 간단한 학습목표의 경우, 수업 목표의 주어를 1인칭으로 바꾸기만 해도 된다(예: "나는 ……를 할 수 있을 때 이것을 학습했다는 것을 알 수 있다").

그러나 대부분 학습목표의 경우, 이보다는 좀 더 큰 변화가 필요하다. 학생은 학습목표에서 학습의 증거에 관련된 부분을 보고 무엇을 배워야 하는지 판단한다. 이 부분이 학생이 이해할 수 있는 용어로 기술되어야 한다. 또한 교사는 학생이 이해하는 용어를 사용해 학습목표를 설명할 필요가 있다. 만일 대부분 학생이 교사의 수업 목표가 의미하는 것을 이미 이해하고 있다면, 아마 그 수업은 할 필요가 없지 않을까?

학생이 학습할 내용이 무엇인지를 이해하고 학습에 대한 청사진을 그리게 하는 가장 효과적인 방법은 수업 중 교수학습 활동과 형성평가, 추후 총괄평가까지 모든 과정이 이해를 기반으로 한 수행performances of understanding임을 확실히 하는 것이다. 이해 기반 수행은 학생이 실제로 하는 학습 활동에 학습목표가 구현되어야 함을 의미한다. 구체적이고 단순한 예를 하나 들어보자. 새로 배운 과학 용어를 활용해 감수 분열을 설명할 수 있기를 바란다면, 반드시 학생이 해당 용어를 사용해서 설명하게 하는 활동을 설계하자. 그것이 바로 이해 기반 수행이다. 그런데 용어 찾기 활동word-search activity 같은 것은 이 학습목표에 해당하는 이해 기반 수행이라고 볼 수 없다. 이 활동에서 학생들이 실제로 수행하는 것은 단어를 인지하는 것일 뿐, 용어를 이해했음을 드러내는 활동이 아니기 때문이다.

이해 기반 수행은 과업을 통해 학생에게 자신이 배워야 하는 것이 무엇인지를 보여주며, 해당 과업의 경험을 통해 학습을 발달시킨다. 결국 이해 기반 수행은 교사와 학생 모두 학습을 점검할 수 있는 과업을 제시해 학생이 제대로 배웠는지 그 증거를 제공한다. 모든 이해 기반 수행에서 사용하는 것은 아니지만, 루브릭은 이해 기반 수행의 3가지 기능(학습 증거 보여주기, 발달시키기, 제시하기)이 모두 잘 작동하도록 든든하게 뒷받침하는 역할을 한다.

자기성찰

여러분은 학생과 어떻게 학습목표를 공유하나요? 이를 위해 루브릭을 사용해본 적이 있나요? 학생과 학습목표를 공유하기 위해 루브릭 제공 이외에 어떤 방법을 사용하고 있나요? 그 방법을 통해 배우게 된 것은 무엇인가요?

루브릭으로 학습목표와 평가요소 공유하기

학습목표가 사고하기, 글쓰기, 분석하기, 복합적인 능력 보여주기, 복합적인 결과물 만들기 등의 능력을 요구하는 경우, 루브릭을 이용해 학습목표와 이를 달성하기 위한 평가요소를 학생과 공유해야 한다. 이런 학습목표의 경우, 체크리스트나 다른 단순한 장치로는 학생이 도달해야 하는 학습 결과를 온전히 표현할 수 없다. 여기에서는 다양한 루브릭 사용 전략에 관해 다룬다. 이 전략들은 학생이 무엇을 배울 것인지에 대한 개념을 머릿속에 형성하도록 돕는다. 또한 루브릭의 평가요소를 통해 그 배움을 어느 정도까지 달성했는지 알게 한다. 여기 소개하는 전략 중 하나 혹은 그 이상을 사용해보거나 스스로 새로운 전략을 설계해보자.

루브릭을 명확하게 이해하게 하는 질문 제기하기

만약 루브릭이 잘 구성되고 학생이 수행의 평가요소와 평가요소별 수행 수준을 잘 이해하는 경우는, 목표로 하는 배움이 어때야 하는지 해당 루브릭의 '능숙' 수준이 잘 나타내준다. 루브릭이든 다른 것이든 학생이 이를 잘 알고 있는지 알아보는 가장 명확한, 그러나 자주 간과되는 전략이 있다. 바로 학생에게 무엇이 헷갈리는지 직접 물어보는 것이다(Chappuis & Stiggins, 2002; Moss & Brookhart, 2009). 이를 체계적으로 할 수 있는 방법이 있다.

- 학생들에게 루브릭을 나누어준다. 짝을 지어 평가요소를 하나씩 살펴보면서 루브릭의 의도와 의미가 무엇인지 토의하게 한다.

- 짝과 토의하면서 답을 찾을 수 없는 질문을 적게 한다.
- 친구들과 함께 질문에 대한 답을 찾게 한다. 모둠 하나당 4~6명으로 구성해 답을 찾게 한다. 모둠 토론으로도 답을 알아낼 수 없는 질문을 모아 목록을 만든다.
- 최종 질문 목록을 수합해 학급 전체가 토의한다. 이 질문들은 학생들에게 생소한 용어나 개념이 무엇인지, 혹은 과업에서 익숙하지 않은 요소가 무엇인지, 루브릭에서 분명하지 않은 부분은 어디인지 부각함으로써 루브릭을 더 명확하게 수정하도록 돕는다.

루브릭을 자신의 언어로 작성하고 표현하기

'자신의 언어로 표현하기'는 학생 이해도를 확인할 수 있는 전형적인 활동이다. 교사들은 초보 읽기 학습자들에게 그들이 읽은 이야기를 다시 말해보게 한다. 모든 교사는 가르치는 학년에 상관없이 학생들에게 지시 사항을 알려준 다음에 이를 잘 이해했는지 확인하기 위해 "여러분, 이제 무엇을 해야 하죠?"라고 질문해서, 학생 스스로 지시 사항을 다시 말해보게 한다. 보통 친구나 친지에게 우리가 한 이야기를 다시 말해보라고 할 때 그들이 제대로 말하지 못하면, "안 듣고 뭐 했어?"라며 우리는 짜증 내기도 한다. 이런 것을 생각하면 이해도의 확인에 있어 '자신의 언어로 표현하기'는 매우 일반적인 방법임을 알 수 있다. 이처럼 학생들이 루브릭을 자신의 언어로 작성하도록 하는 활동은 "학생 친화적인 언어"를 찾는 것 이상의 역할을 한다. 이 활동을 통해 학생은 루브릭을 더 잘 이해할 수 있고, 교사는 학생이 루브릭에 관해 얼마나 이해했는지를 확인할 증거를 찾을 수 있다.

다음은 학생들이 루브릭을 자신의 언어로 작성하게 하는 몇 가지 방법이다. 아래 제시된 방법 중 가르치는 내용과 학생의 필요에 따라 가장 적합한 것을 골라보거나 혹은 영감을 주는 것 하나를 골라 자신의 방식으로 활용해보자.

루브릭 번역가. 학생들을 둘씩 짝짓고 루브릭을 준다. 가능하면 각 수준에 해당하는 수행 결과물 예시도 함께 제공하는 게 좋다. 기존 루브릭과 같은 형식의 빈 도표를 나누어주거나 표 9.1 예시 같은 활동지를 사용해서 교사가 맨 윗줄을 채우고 학생들이 아랫줄을 채우도록 한다. 평가요소마다 이런 표가 필요하다.

아래 질문 혹은 이와 유사한 질문을 주고 각 평가요소에 관해 논의하도록 한다.

- 평가요소가 전부 몇 개인가?: 이 질문은 학생들이 루브릭의 평가요소가 무엇인지 인지하게 한다.
- 각 평가요소의 이름은 무엇이고, 그 이름의 의미는 무엇인가?: 이 질문은 학생들이 루브릭을 자신의 언어로 작성하기 전에 평가요소의 특성과 특징

표 9.1 — 루브릭 "번역가" 양식

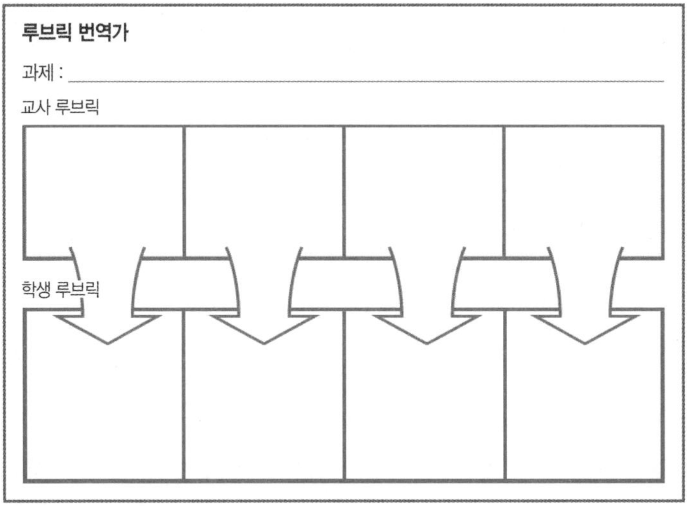

※출처: 『모든 수업을 위한 형성평가 전략(Formative Assessment Strategies for Every Classroom)』에서 발췌, 2판(p.90), 수전 M. 브룩하트, 2010, 미국 버지니아주 알렉산드리아: ASCD. 허가를 받고 재인용함.

에 기반해 그 의미를 이해하게 한다.

- 각각의 평가요소를 차례로 한 번에 하나씩 살펴보면서, 미리 기재된 수준별 수행 설명을 읽어보게 하자: 어떤 평가요소가 다루어지는지, 이것이 수행 수준에 따라 어떻게 다르게 기술되는지를 토론한다. 학생들이 평가요소별로 모든 수행의 수준별 설명에 대해 이런 작업을 한 후에 루브릭을 자신의 언어로 작성하도록 시작하자.
- 수준별 수행에 관한 설명을 직접 작성하게 하자. 이때 교사의 루브릭처럼 각 수준에 반복되는 요소에 대해 수준마다 차이를 두어 작성해야 한다: 학

생들은 어떤 단어를 사용해서 기술할 것인지를 짝과 논의한다.

- 만약 예시 자료가 주어졌다면, 학생들이 직접 새롭게 "번역한" 루브릭으로 평가해도 주어진 예시 자료가 의도한 수행의 수준과 일치하는지 확인하자: 예시 자료를 다시 평가해보는 활동은 학생들이 자신의 언어로 재진술된 내용을 점검하는 일로, 자신이 고쳐 쓴 것이 원래의 의미를 잘 담고 있는지를 확인하게 한다.

준비하고 차근차근 짝과 나누기. 모스와 브룩하트(Moss & Brookhart, 2012)는 학생들에게 학습목표와 성공적인 학습의 평가요소를 이해시키는 방안으로 그들이 자신의 언어로 루브릭을 토의하는 전략을 제시한다. 이 전략은 학생들이 루브릭을 이해하는 것에서 시작하며, 단 한 번의 활동으로도 목적을 달성할 수 있다. 단계는 다음과 같다.

- 학생들에게 과제를 내주기 전에 루브릭을 먼저 제공하라: 과제는 이해를 기반으로 하는 수행, 즉 학생이 배워야 할 지식과 기술을 분명히 보여줄 수 있어야 한다.
- 학생들은 둘씩 짝을 이루고, 번갈아가며 상대에게 루브릭에 관해 설명한다: 해당 과제에 루브릭이 어떻게 적용되는지 이해될 때까지 이 단계를 계속한다.

- 학생들이 과제를 시작한다: "루브릭 짝"과 과제를 할 필요는 없다. 혼자 하든, 모둠으로 하든, 어떤 형태든 애초에 과제가 설계된 방식으로 수행하면 된다.
- 과제가 절반 정도 진행되었을 때, 학생들은 루브릭 짝에게 돌아가 자신이 현재 하는 것이 어떻게 평가요소의 요구 사항을 충족하는지, 또 처음 논의했던 수행 수준에 어떻게 부합하는지 설명한다: 학생들은 수행 중인 과제와 기술에 관해 서로 질문할 수 있다.
- 학생들이 과제를 끝낸다: 다시 과제가 원래 설계된 대로 혼자 혹은 모둠으로 돌아가서 과제를 끝낸다.
- 과제를 끝낸 학생들은 루브릭 짝에게 돌아가 자신이 수행한 과제가 어떻게 평가요소와 기대 수준에 부합하는지 설명한다: 짝과 서로 만족할 만큼 충분히 설명한 후에 과제를 제출한다. 이때 이 최종 단계에서 진행한 동료평가 결과를 함께 제출할 수도 있다.

학생과 함께 만드는 루브릭. 루브릭 구성에 학생들을 참여시키는 것은 학생이 학습 전반에 대해 자기주도성을 갖고, 특정한 과제와 평가로부터의 성취에 대해 스스로 동기를 부여하며, 동시에 더 많은 것을 배울 수 있게 돕는 훌륭한 방법이다. 왜냐하면 어떤 수행의 평가요소라는 것은, 무엇인가를 아는 것과 할 수 있다는 개념의 일부이기 때문이다.

그동안 여러 학자가 학생과 함께 루브릭을 만드는 데 필요한 다양한 절차를 제시했다(Andrade, Du, & Mycek, 2010; Arter & Chappuis, 2006; Nitko & Brookhart, 2011). 학생과 루브릭을 함께 구성하는 것은 이들의 의견을 반영한다는 점에서 3장에서 설명한 일반적 루브릭을 개발하는 상향식 접근 방법과 유사하다. 다만 학생 주도와 교사 지도의 적절한 비율은 때에 따라 달라질 수 있다. 학생들에게 익숙한 능력을 다룰 경우, 교사는 촉진자의 역할을 하면 된다. 학생들이 평가 요소를 결정하고 수행 수준 설명을 기술하는 데 필요한 아이디어를 제시하는 것이다. 반면 학생들에게 익숙하지 않은 능력을 다룰 때는, 교사가 학생들에게 탐구 질문을 던지거나 아이디어를 제공하는 등 학생과의 대화 형식을 통해 지도할 수 있다.

다음은 학생과 함께 루브릭을 제작하는 방법에 대해 여러 저자가 언급한 주요 행동 절차를 일반화한 것이다. 각 단계는 학생들이 가진 내용 지식, 기술, 그리고 앞으로 배울 내용과 루브릭 개발에 대해 학생들이 얼마나 익숙한가에 따라 적절하게 수정되어야 한다. 어떤 경우에는 교사가 정보나 제안을 추가할 수도 있고, 어떤 경우에는 학생 스스로가 루브릭 제작 과정 대부분을 담당할 수도 있다. 저자 또한 여러 가지 맥락적 측면을 고려해 다양한 버전으로 조정해 사용했다.

- 루브릭이 평가할 내용 지식과 능력이 무엇인지 확인한다: 루브릭을 함께 만들기 위해서는 루브릭에서 다루는 지식과 능력이 학생들에게 이미 어느 정도 익숙한 것이어야 한다(예: 도서관·인터넷 검색을 통한 자료 수집이 필요한 학기 말 과제를 효과적으로 작성하기).
- 학생들에게 수행 결과물 예시를 제공한다: 이 결과물 예시를 검토하게 한다. 짧은 글쓰기 같은 간단한 과제는 소리 내어 읽어보게 하거나, 모둠이나 짝을 이루어 예시를 살펴보게 한다.
- 학생들은 주어진 예시의 잘된 점과 부족한 점에 관해 브레인스토밍한다: 브레인스토밍 결과는 구체적일수록 좋다. 예를 들면, "보고서를 잘 썼네"보다는 "이 보고서는 별에 대해 내가 가진 궁금증을 모두 해소해주고, 내가 생각해보지 못한 질문을 던지고 있어"가 구체적이다. 또는 "보고서 내용이 명확하지 않아"보다 "나는 안정적인 별이 어떻게 빛나는지에 대한 설명이 이해되지 않았어"가 더 구체적이다.
- 학생들은 루브릭으로 평가하게 될 내용 지식과 능력에 관한 속성을 기술하면서, 이 속성에 따라 수행 결과물 예시에서 잘된 점과 부족한 점을 분류한다: 이때 교사는 학생들이 수행 과제의 속성(표지, 서론, 본론, 참고자료 등)이 아니라 배움에 대한 속성(내용 이해, 내용에 대한 의사소통, 설명의 명확성과 완성도 등)을 다루도록 지도한다.
- 루브릭의 평가요소에 대해 합의될 때까지 속성의 범주를 계속해서 논의하고 문장을 수정한다: 학생들이 평가요소를 적절하게 일반화해 표현할 수

있을 때까지 각 속성을 한 범주로 묶거나 묶은 것을 다시 푸는 과정을 계속 한다. 평가할 학습에 중요하지 않은 속성은 평가요소 목록에서 제거한다. 예를 들어 손글씨라는 속성이 언급되었더라도, 토론하다보면 학생들은 이 속성이 루브릭에서 집중하는 학습 내용, 능력과 무관한 것이라는 것을 알아내고 목록에서 제거할 수 있다.

- 학생들은 평가요소별로 어떤 요소에 관해 기술할지, 그리고 수행 수준별로는 어떻게 다르게 기술할지 논의한다: 논의를 진행하면서 수준별 수행에 관한 기술을 작성한다. 효과적으로 이를 작성하는 1가지 방법은 우수한 수행에 관해 먼저 기술하고 하위 단계로 갈수록 우수한 수행의 기술 내용에서 우수한 정도를 조금씩 "낮추어가는" 것이다. 표 9.2의 "루브릭 기계"가 이 작업을 도와줄 수 있다. 평가요소별로 이런 종류의 별도 양식이 필요하다.
- 루브릭 초고가 완성되면 학생들은 이것을 맨 처음에 받은 수행 결과물 예시에 적용해본다: 처음 받은 예시와 다른 수행 결과물 예시를 사용해도 좋다. 학생들은 이 과정에서 의문이 생기는 부분을 적어두었다가 루브릭을 수정할 때 활용한다.

수행 결과물 예시와 루브릭을 연결하기

수행 결과물 예시를 루브릭의 수행 수준과 연결하는 것은 학생들이 평가요소에 대한 개념을 형성하도록 돕는 귀납적인 방법이다. 속성을 파악해 해당 속성에 알맞은, 혹은 알맞지 않은 예시를 구별하는 것은 시대가 지나도 변하지 않는 전형적인 개념 발달 전략이다.

수행 결과물 예시 분류. 학생들이 앞으로 배울 지식과 능력을 사용해 완성하게 될 과제의 루브릭을 제공한다. 이때 탁월한 수준부터 매우 서툰 수준까지 다양한 수행 결과물 예시도 함께 제공한다. 학생들은 루브릭의 평가요소와 수준별 수행에 관한 설명에 따라 수행 결과물 예시를 분류한다. 학생들은 동일한 평가요소에 해당하는 다양한 예시를 보면서 해당 평가요소의 의미를 일반화하고, 각 평가요소의 중요한 속성을 구분해낼 수 있게 된다. 행성의 궤도를 이해하는 것이 평가요소라면, 학생들은 태양계 모형에서 행성이 적절한 궤도에 배치되는 것이 중요한 속성이라는 것을 알게 된다. 또한 평가와 무관한 속성과 중요한 속성을 구분하기 시작한다. 예를 들어, 행성 모형의 경우 점토로 만든 것도, 종이 반죽으로 만든 것도 있으므로 행성 모형이 무엇으로 만들어졌는가는 평가와 무관한 속성으로 분류된다. 이처럼 학생들은 자신이 중점을 두는 속성과 그 속성에 중점을 두는 이유를 토론함으로써 평가요소와 수행 수준에 대한 개념을 공고히 할 수 있다.

명확한 자료와 애매한 자료에 관한 논의. 이것은 수준별 수행 기술에 따른 수행 결과물 예시 분류의 확장 활동이다. 학생들에게 수행 결과물 예시 중에서 아무 어려움 없이 주어진 평가요소의 특정 수준으로 쉽게 구별할 수 있던 것(명확한 자료)과, 주어진 평가요소의 특정 수준으로 평가하거나 구별하기 어려웠던 것(애매한 자료)을 분류해보게 한다. 그다음 다시 짝, 모둠, 혹은 학급 전체가 이렇게 지정한 이유를 토론한다. "명확한 자료"와 "애매한 자료"로 수행 결과물 예시를 지정하고 토론하는 것은 평가요소가 무엇을 의미하는지, 그리고 학생들이 평가요소를 어떻게 이해하고 있는지를 분명하게 밝혀준다.

표 9. 2 — 학생이 구성한 루브릭 양식

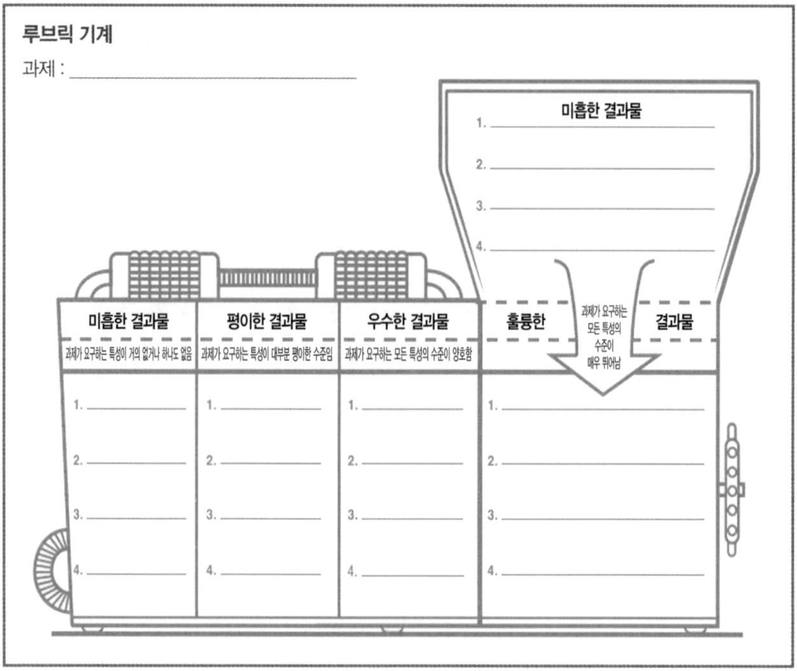

※출처: 『모든 수업을 위한 형성평가 전략』에서 발췌, 2판(p.86), 수전 M. 브룩하트, 2010, ASCD. 허가를 받아 재인용함.

형광펜이나 색연필 사용하기. 학생들은 루브릭에서 기술된 특성을 수행 결과물 예시에서 찾아 형광펜이나 색연필을 사용해 표시한다. 예를 들어 루브릭에 "저자의 의도를 파악하고 지문의 세부 사항을 이용해 이 판단을 뒷받침한다"라는 내용이 쓰여 있을 경우, 이 루브릭의 진술문을 형광펜으로 표시한 후, 예시에서 저자의 의도가 나타난 부분과 이를 뒷받침하는 근거를 찾아 역시 형광펜으로 표시한다. 학생들은 이처럼 수행 결과물 예시에서 해당 부분을 찾고 검토하면서 평가요소와 수준별 수행 기술이 무엇을 의미하는지 배운다. 이 활동은 또한 형성평가를 위해 학생의 과제에 직접 적용하는 방식으로도 사용될 수 있다(10장 참조). 학생들은 자신의 과제를 시작하기 전에 수행 결과물 예시를 활용해 이 활동을 진행하면서 형광펜으로 표시한 부분이 어디이고 왜 표시했는지를 짝, 모둠, 혹은 학급 전체와 토론할 수 있다. 이 토론에서 언급된 견해는 학생들이 배우게 될 지식이나 능력을 소개할 때 쓰일 수 있다.

한 번에 하나의 평가요소 탐색하고 가르치기

학생들에게 새로운 학습목표에 대한 평가요소를 소개하려면 한 번에 하나의 평가요소를 다뤄야 한다(Arter & Chappuis, 2006; Moss & Brookhart, 2009). 다른 평가요소는 제쳐두고 하나의 평가요소를 골라, 전략 중 하나를 적용해보자.

전략적인 목표 설정. 학생들이 활동이나 과제를 수행하기 전에 루브릭을 제공하자. 만약 다루게 될 개념이 학생들에게 새로운 것이면 한 번에 하나의 평가요소로 짧은 강의를 하는 것도 좋다. 학생들에게 해당 평가요소를 성공적으로 수행하기 위한 별도의 전략을 계획하도록 지시하고, 그 전략을 루브릭에 기록하게 한다. 활동이나 과제가 시작되면, 학생들이 개인 전략을 적어둔 루브릭을 사용해 자신의 수행을 스스로 관찰하고 조절하도록 한다.

용어 합의. 루브릭에는 종종 학생들에게 생소한 용어가 있다. 하나의 평가요소에 대한 모든 수준별 수행 설명을 읽고 내용 중에 익숙하지 않은 단어를 골라 모둠별로 목록을 만들게 하자. 그러고 나서 학생들이 용어를 정의하고, 설명하고, 사용 예시를 찾아보게 한다. 만약 모둠별로 단어 목록을 만들었다면 모둠 간에 서로의 단어 목록을 교환한 후 다른 모둠의 목록에 대해 용어를 정의하고, 설명하고, 사용 예시를 찾게 한다. 혹은 학생들이 만든 단어 목록을 모두 합친 후 하나 혹은 여러 개의 용어를 각 모둠에 할당하는 방식으로 진행하는 것도 가능하다. 학생들이 작성한 정의, 설명, 그리고 사용 예시를 학급 발표나 모둠 내 발표를 통해 공유한다.

요약하기

이 9장에서는 루브릭을 이용해 학생과 학습목표와 평가요소를 공유하는 방법을 알아보았다. 형성평가를 위해 가장 우선되어야 할 근본 전략이며, 효과적인 수업을 위한 기본 전략이기도 하다. 루브릭이 학생들에게 앞으로 배울 내용을 전달하는 유일한 방법은 아니지만, 이를 위한 매우 훌륭한 자원임은 분명하다. 루브릭은 정보 기억하기 같은 단순한 학습목표가 아니라, 복합적인 학습목표를 공유하고자 할 때 특히 좋은 수단이 된다. 어떤 것을 복합적으로 이해하거나 복합적인 능력을 보여주는 것은 여러 가지 역량이 한 번에 작동하는 것을 의미하는데, 루브릭은 과제와 연관된 여러 특성이 담긴 평가요소를 한데 모은 종합세트이기 때문이다.

다시 생각하기

1. 다음 루브릭 사용 전략 중, 수업 시간에 사용하고 싶은 전략을 우선순위대로 번호 매긴 후, 그 이유를 생각해보세요.

– 학생들이 루브릭을 명확하게 이해할 수 있는 질문을 제기하도록 요청하기 ( )

– 학생들이 루브릭을 자신의 언어로 작성하게 하기 ( )

– 학생들이 수행 결과물 예시와 루브릭의 수행 수준을 연결하게 하기 ( )

– 한 번에 하나씩 평가요소를 탐색하고 가르치기 ( )

• 답 : 1. 예: 3–2–1–4. 실제 수행 결과물과 루브릭의 수행 수준을 연결하면서 평가요소 개념을 형성하게 돕는다. 나아가 학생들이 평가할 기회를 제공해, 자기성찰 등 메타인지 활용 능력을 키워줄 수 있다.

10

루브릭과 형성평가:
피드백과 학생 자기평가

형성평가formative assessment는 학생의 학업성취도를 향상시키기 위해 교사와 학생이 함께 지속적이고 체계적으로 학습 증거를 수집하는 능동적이고 의도적인 학습과정이다(Moss & Brookhart, 2009, p.6). 형성평가는 학습 형성에 관한 것으로, 학생들이 학습 면에서 성장하는 데 도움이 되는 정보를 제공하는 평가를 의미한다. 만약 학습 면에서 성장이 일어나지 않는다면, 그 평가는 의도가 무엇이든 간에 형성적이라고 말할 수 없다.

자기성찰

여러분은 피드백 제공이나 학생의 자기평가를 위해 루브릭을 어떻게 사용하고 있나요?

9장에서는 형성평가의 기본 전략이랄 수 있는, '루브릭을 사용해 학생들에게 학습목표를 명확하게 알려주는 방법'을 다루었다. 이 10장에서는 루브릭을 사용해 학생이 나아갈 방향을 제시하는 피드백을 제공하고, 학생의 자기평가와 목표 설정을 지원하며, 학생들이 자신의 수행에 관해 효과적인 질문을 하도록 하는 방법을 다룰 것이다.

교사·동료 피드백을 위한 루브릭 사용법

루브릭은 학습의 평가요소를 열거하고 각 평가요소에 해당하는 수행을 기술하기 때문에 피드백을 위한 좋은 틀이 된다. 이 10장에서는 루브릭을 교사 피드백과 동료 피드백의 근간으로 사용하는 여러 전략을 제시한다. 이 전략 중 하나를 사용하거나 자신의 상황에 맞게 비슷한 전략을 설계하기를 바란다.

교사 피드백을 위한 루브릭 활용 방법

잘 만들어진 일반적인 분석적 루브릭은 대부분의 과업에 사용할 수 있다. 이런 루브릭을 학생들과 공유하거나 피드백 제공 목적으로 사용하고 있다면, 선택한 루브릭을 복사해 사용할 텐데, 이때 교사 의견을 적을 공간을 추가해야 한다. 학생에게 피드백을 줄 때는 평가요소마다 현재 학생의 수행에 가장 부합하는 수행 수준에 동그라미 표시를 해서 주면 된다. 그러면 학생이 도달한 수행 수준에 관해 일반적인 기술을 하는 대신, 그 학생의 수행에 관한 구체적인 피드백을 하는 데 시간을 할애할 수 있다.

예를 들어, 학생들이 작문에 필요한 아이디어를 생각하는 활동을 하는 경우, 교사는 6+1 특성 글쓰기 루브릭의 '아이디어' 요소를 사용해 작문 피드백을 줄 수 있다(부록 A 참조). 만약 교사가 "약간의 정보 그리고/또는 세부 사항으로 중심 생각을 뒷받침하려고 시도하지만, 주제에서 벗어나고 불분명하거나 관련이 없음"에 동그라미 했다면, 교사가 그렇게 생각한 이유에 관한 의견을 구체적으로 적으면 된다. 루브릭을 이용한 일반적인 피드백과 아울러 구체적인 피드백을 글로 함께 제공하면, 많은 학생에게 자신의 글을 어떻게 개선할 수 있는지 충분히 알려줄 수 있다. 작문 활동에 관해 면담이 필요한 학생이 있다면(가령 특정 세부 사항을 포함하게 된 논리적 배경이나 이야기의 세부 사항 중 명확하지 않은 부분에 관해 교사가 학생에게 따로 물어보고 싶은 경우), 면담 시 활용할 대부분의 사전 정보는 일반적 루브릭의 동그라미 친 부분과 구체적인 서면 피드백에 이미 제시되어 있을 것이다.

노랑과 파랑으로 초록 만들기

앞서 9장에 제시된 "형광펜이나 색연필 사용하기" 방법이 학생들이 목표로 하는 학습목표와 평가요소를 이해하는 데 도움이 되듯이, 형광펜은 학생 과제와 학생의 자기평가에 관해 교사가 피드백을 줄 때도 사용할 수 있다. 전처럼 학생들에게 루브릭에 기술된 수행에 관한 진술문 하나를 형광펜으로 표시하고, 이번에는 여기에 해당되는 부분을 예시 글이 아니라 자신의 글에 표시하라고 하자. 학생들은 이 활동을 통해 자기 과제에 직접 형광펜으로 표시한 증거에 만족하는지, 아니면 바꾸거나 보강하거나 수정하고 싶은지를 스스로 가늠해볼 수 있다.

2가지 색으로 표시하기(Chappuis, 2009)는 동일한 과제에 대해서 교사평가와 학생의 자기평가 관점을 비교하는 데 사용할 수 있다. 학생들은 노란색 형광펜을 사용하고, 교사는 파란색 형광펜을 사용한다. 루브릭에 기술된 대로 수행했다는 것을 보여주는 부분으로 교사와 학생 모두 같은 부분을 표시했다면, 결과적으로 형광펜으로 표시된 부분은 초록색이 될 것이다. 이것은 단순한 색칠 공부가 아니다. 색깔을 비교해 보면서 중요한 정보를 얻을 수 있다. 형광펜으로 표시된 영역 대부분이 녹색이라면 학생과 교사 모두 동일한 방식으로 과제를 해석하고 있으며 과제의 질적 판단에 거의 동의한다는 것을 의미한다. 형광펜으로 표시된 영역 대부분이 노란색이면, 교사가 놓쳤거나 인정하지 않는 증거를 학생이 증거로 여기고 있다는 것으로, 학생이 평가요소의 의미에 관해 명확하게 알지 못하거나, 자신의 글을 과대평가하는 것일 수 있다. 형광펜으로 표시된 영역 대부분이 파란색이면, 학생이 보지 못하는 증거를 교사가 찾은 것이다. 이 역시 학생이 평가요소의 의미에 관해 명확하게 알지 못하는 것을 의미하거나, 혹은 자신의 글을 과소평가하는 것일 수 있다.

학생이 수행한 과제를 평가요소에 기반해 평가했을 때 교사와 학생의 관점이 서로 다른 부분이 있다면, 그 부분은 교사의 서면 피드백, 학생의 질문, 또는 면담에서 다룰 내용이 풍부하게 자라날 비옥한 토양이 될 수 있다. 피드백, 질문 또는 면담에서는 단순히 형광펜으로 표시된 것을 이해하는 것이나 현재 학생의 과제에 관해 단순히 기술하는 것을 넘어 그 이상을 다루어야 한다. 그것이 무엇일까? 바로 학생이 과제를 개선하기 위해 무엇을 할 수 있는지에 관해 피드백을 제공하는 것이다.

짝과 하는 동료 피드백

학생들은 루브릭을 사용해 서로에게 동료 피드백을 줄 수 있다. 루브릭은 동료 간에 토론 구조를 제공해, 학생들이 개인적인 판단으로 반응을 보이기보다는 평가요소에 더 초점을 맞출 수 있도록 도와준다. 또한 루브릭은 대화를 촉진한다. 학생들은 루브릭에 사용된 언어를 이용해 서로의 수행을 주제로 토론하고, 동료들에게 정보를 제공한다. 그러면서 평가요소가 의미하는 바가 무엇인지 자기 고유의 개념을 발전시킨다.

가장 단순한 형태의 동료 피드백은 학생들이 짝을 이루어 작업하는 것이다. 교사는 과제에 따라 학생의 관심사, 능력 또는 융화 측면에서 잘 맞는 또래를 짝지어줘야 한다.

동료 피드백은 건설적인 비판이 배움에서 중요한 부분이라고 믿는 교실문화에서 최고의 효과를 발휘한다. 그러나 성적에 중점을 두는 평가 중심 문화("너 몇 점 받았니?")가 특징인 교실에서는 동료 피드백이 제대로 효과를 발휘하기 어렵다. 이런 교실에서는 학생들이 "틀린 부분"이 있음을 암시하게 될까봐 동료를 비판하는 것을 주저할 수 있기 때문이다. 그래서 학생들이 배울 기회를 중요하게 여긴다는 확신이 들 때만 동료 피드백을 시도해야 한다. 신중하게 준비했는데도 동료 피드백이 잘되지 않았다면, 학생들이 자신의 과제를 개선하는 것보다 좋은 성적을 받는 데 더 신경을 쓰는 것은 아닌지 확인해보자.

배움 중심의 교실문화에서도 학생들에게 동료 피드백을 할 수 있도록 준비시키는 과정은 매우 중요하다. 교사는 학생들이 동료 피드백에 사용할 루브릭을 이해하고, 그것을 예시 과제에 정확하게 적용할 수 있는지, 또한 루브릭으로 동료 피드백을 할 과제가 요구하는 것을 이해했는지를 확인해야 한다. 몇 가지 기본 원칙을 정하고, 학생들을 짝지어 그 원칙이 무엇을 의미하는지 묻고 답하면서 직접 설명하게 하되, 가르치는 학년, 내용 영역, 그리고 학생들에게 적합한 규칙을 사용하라. 다음은 일반적인 동료 피드백의 기본 원칙 예시다.

동료 피드백을 줄 때

1. 동료의 과제를 주의 깊게 읽거나 살펴본다. 과제를 한 사람에 대해서가 아니라 과제에 관해 이야기한다.
2. 과제에서 보이는 것을 설명하고 기술할 때 루브릭에 나온 용어를 사용한다.
3. 자신의 아이디어나 제안을 주면서 왜 이런 제안이 과제를 개선하는 데 도움이 되는지 설명한다.
4. 동료의 의견과 질문에 귀를 기울인다.

동료 피드백을 받을 때

1. 동료의 의견을 경청한다. 의견에 대해 반응하기 전에 충분히 생각할 시간을 갖는다.
2. 동료의 의견을 루브릭과 비교해보고, 과제를 수정할 때 어떤 의견을 반영할지 결정한다.
3. 동료의 피드백에 감사한다.

동료 피드백은 연습을 많이 할수록 좋아진다. 짝끼리 하는 동료 피드백을 활용할 때, 교사는 학생들을 관찰하면서 이들의 피드백에 대한 피드백을 제공하면 된다. 학생들이 루브릭을 어떻게 사용하는지, 과제에 관해 얼마나 명확하게 설명하는지, 동료의 과제를 개선하기 위해 얼마나 유용한 제안을 하는지, 동료를 얼마나 격려하고 있는지 등을 살펴보고, 그에 대한 의견을 제공하자. 다른 능력과 마찬가지로 동료 피드백을 주고받는 것 역시 가르칠 수 있고 배울 수 있으며, 또한 가르치고 배워야만 한다.

학생의 자기평가와 목표 설정을 위한 루브릭 사용법

루브릭은 학생들이 목표로 하는 우수한 수행의 특성을 표현하고 있으므로 학생들이 자신의 수행을 점검하는 데 적절한 기준점이 된다. 이를 위한 몇 가지 예시를 제시한다. 자신이 가르치는 학년, 내용 영역, 그리고 학생들에게 적합한 방법을 고안해보자.

전략적 목표 설정 되짚어보기

9장에서 각 평가요소에 대한 성공적 수행을 위해 평가요소별 전략을 계획하고 그 과정에서 루브릭을 사용하는 방법, 그리고 그 전략을 학생들이 루브릭 양식에 기록하게 하는 방법에 관해 이야기했다. 활동이나 과제를 시작할 때 학생들에게 자신의 전략을 적어둔 루브릭을 사용해 과업을 점검하고 조정하도록 하자. 이를 위해 학생들이 사용할 수 있는 몇 가지 방법을 소개한다.

빠르게 확인하기. 학생들이 과제나 프로젝트를 수행할 때마다 작업 마무리 부분에 1분을 남겨두고 각 전략에 대해 다음 사항을 확인하게 한다.

- 나는 오늘 이 전략을 사용했는가?
- 그것이 내게 도움이 되었는가?

예를 들어, 쓰기 수업에서 한 학생이 6+1 특성 글쓰기 루브릭을 사용한다고 가정해보자. '단어 선택' 평가요소에 따라 수행(및 학습)을 향상시키기 위한 이 학생의 전략은 "내가 원하는 만큼 단어가 효과적이거나 정확하거나 매력적이지 않을 때마다 유의어 사전을 확인하겠다"였다. 이에 따라 학생은 스스로에게 "오늘 글을 쓸 때 유의어 사전을 사용했나? 사전의 사용이 더 효과적이고 정확하거나 매력적인 단어를 선택하는 데 도움이 되었나?"를 물을 수 있다. 학생은 확인한 사항을 기록하기 위해 자신만의 도표를 만들거나, 루브릭에서 자신의 전략을 작성한 곳 옆에 표시를 남길 수 있다.

일지 쓰기. 학생이 자기성찰의 하나로 정기적으로 일지 쓰기를 하는 수업에서는 자신이 사용하는 전략이 무엇이며, 그 전략을 어떻게 사용하고 있는지를 성찰해서 기록하게 할 수 있다. "내가 계획한 전략을 실제로 사용했는가? 그것이 내 수행을 개선하는 데 도움이 되었는가?"와 같이 여기서 사용되는 질문은 비슷하지만, 그 전략이 구체적으로 무엇을 하는 데 도움이 되었는지(또는 도움이 되지 않았는지),

그리고 왜 그러한지에 관해 더 깊게 성찰할 여지가 있다. 교사는 이러한 성찰 내용을 읽어도 되고, 굳이 읽지 않아도 된다. 이 활동의 의도는 학생들이 메타인지를 연습하고, 자신의 '생각에 관해 생각하게' 하는 것이다.

생각하기-짝과 나누기-전체와 공유하지 않기 Think-Pair-Don't Share. 활동 시간이 끝나면 짝을 지어 5분의 활동 시간을 준다. 학생들은 스스로 계획했던 전략, 전략의 사용 여부, 전략이 도움이 된 정도, 그 이유에 관해 짝에게 서로 설명한다. 이는 활동 내용, 전략 사용, 그리고 학습에 관한 생각을 나누는 활동이다. 그러나 기존의 생각하기-짝과 나누기-전체와 나누기Think-Pair-Share 활동과 달리, 학생들은 짝과 함께 대화한 결과를 전체 학생과 공유하지 않는다. 교사는 필요에 따라 학생들의 성찰 시간에 1명 또는 몇몇 학생과 대화를 나누며 학생들이 이 활동에 집중할 수 있도록 도와줄 수 있다.

진행 상황을 도표로 작성하기

도표 작성하기는 2가지를 의미한다. 하나는 학생들이 개별 과제나 프로젝트의 진행 상황에 관해 생각해본다는 뜻이고, 다른 하나는 개별 과제보다 더 광범위하게 학습에 관해 생각해본다는 뜻이다. 학생들이 후자(학습 진행 상황)는 꼭 도표화하도록 하고, 때로는 전자 경우도 도표로 만들게 하는 것이 좋다.

루브릭으로 개별 과제의 진행 상황 도표화하기. 루브릭을 주고 학생들이 과제를 반 정도 수행했을 때, 각각의 평가요소에 대해 자신의 현재 수준을 루브릭에 표시하게 한다. 혼자, 또는 짝과 함께 평가요소마다 과제가 해당하는 수준에 세로선이나 커다란 점을 그리면 된다. 학생들은 과제를 완성한 후 제출하기 전에 다시 한번 스스로 평가하면서 두 번째 점을 찍거나 두 번째 세로선을 그린다. 그리고 2개의 점, 혹은 2개의 세로선을 서로 화살표로 이어서 자신의 진행 상황을 시각적으로 파악한다.

장기적 학습 진행 상황 도표화하기. 여러 가지 과업에 두루 사용할 수 있는 일반적 루브릭은 과업별 평가 기간, 한 학기, 혹은 1년과 같이 장기간의 학습 진행 상황을 도표화하는 데 사용될 수 있다. 평가의 목적에 따라 기본 능력에 대한 일반적 루브릭(4장 참조)을 사용할 수도 있고, 배워야 할 기술이나 성취기준을 얼마나 달성하고 있는지 추적하기 위해서 성취기준 기반 채점 루브릭(6장 참조)을 사용할 수도 있다. 학생들에게 가로축에 시간을 표시하고 세로축에 성과 수준을 표시하는 히스토그램을 만들어보게 하자.

표 10.1은 한 학생이 표 4.1의 수학 문제 해결 능력 평가 루브릭의 '설명 작성' 평가요소에 대해서 자신의 학습 진행 상황을 추적하는 예를 보여준다. 루브릭의 다른 평가요소에 대해서는 별도의 도표가 필요할 것이다. 표에는 수행 수준별 설명이 나열되어 있다. 학생

표 10.1 — 루브릭을 이용해 학습 진행 상황을 도표화하는 예시

평가요소: '설명 작성'

5 • 나는 내가 무엇을 했는지와 왜 했는지에 관해 쓴다. • 나는 내 문제 해결 과정의 각 단계를 설명한다. • 나는 수학 용어와 전략의 이름을 사용한다. • 나는 마지막에 답을 완전한 문장으로 쓴다.						
4 • 나는 내가 무엇을 했는지를 쓰고, 왜 했는지에 관해서는 약간 쓴다. • 나는 내 문제 해결 과정의 대부분을 설명한다.						
3 • 나는 내가 무엇을 했는지, 또는 왜 했는지에 관해 약간 쓰지만, 둘 다에 관해서는 쓰지 않는다. • 나는 내 문제 해결 과정의 일부를 설명한다.						
2 • 나는 앞뒤가 맞지 않는 문제 해결 과정을 쓴다. • 나는 명확하지 않은 답변을 쓴다.						
1 • 나는 문제를 어떻게 해결했는지에 대해 어떠한 설명도 쓰지 않는다.						
	10월 7일 문제 세트 1	**10월 14일** 문제 세트 2	**10월 21일** 문제 세트 3	**10월 28일** 문제 세트 4	**11월 4일** 문제 세트 5	**11월 11일** 문제 세트 6

※참고: 이 예시는 표 4.1에 제시된 수학 문제 해결 능력 평가 루브릭을 사용한다.

은 자신의 수학적 지식을 보여주기 위해 자신이 발달시키는 능력에 해당하는 높이까지 도표의 칸을 색칠한다.

그런데 이런 도표는 배움보다 성적을 중시하는 교실에서 쉽게 오해를 일으킬 수 있다. 그러니 여기서 몇 가지 중요한 핵심을 바로 짚고 넘어가자. 첫째, 이 도표는 형성평가를 위한 것이며, 학생의 연습과 학습 정도를 나타낸다. 이 표는 최종적인 결과를 나타내는 것이 아니라서 '내가 지금 어디에 있는가?'라는 질문에 대해 답을 보여주는 마지막 기록 정도를 제외하면, 개별 항목을 종합해서 평균을 내거나 성적을 산출하지 않는다. 또한 이 도표는 학생이 학습하면서 자신의 향상도를 추적하는 방법이다. 이 학생의 성적은 결과적으로 수학적 지식에 대한 총괄평가에서 받게 될 것이다.

둘째, 과제를 통해 할 수 있는 학습이나 평가가 매번 '동일'하지 않기 때문에, 이 도표에 표기된 것을 평균 내어 요약하는 것은 수학적으로 부적절하다. 반면 도표의 세로축에 '설명 작성' 수행에 대해 수준별로 기술되어 있는 것은 여러 과제에 동일하게 적용되므로, 이 수행 수준은 학생이 어느 수준까지 학습했는지 그 "단계"를 보여준다. 평가란 학생이 연습하고, 배우고, 자신이 아는 것을 보여주는 기회일 뿐이다. 이 도표도 마찬가지로 학생이 자신의 학습곡선을 보게 하는 데 목적이 있다. 막대의 높이가 상승하는 것을 보고 자신이 진전했음을, 막대의 높이가 유지되거나 떨어지는 것을 보고 진전이 없음을 확인할 수 있다. 결과적으로 이런 시각화는 학생들이 자신의 수행 수준에 초점을 맞추고, 다음 단계를 계획하는 것을 돕는다.

수행을 위한 효과적인 루브릭 사용법

루브릭의 특별한 장점은 평가요소와 다양한 질적 수준에 걸쳐 제시되는 수준별 수행 기술이라는 2가지 구성요소에서 찾을 수 있다. 우수한 수행이 무엇인지를 이해하는 데 필요한 "중심 개념"은 평가요소의 이름을 보면 알 수 있다. 수행 기술에 쓰인 구성요소는 평가요소를 "뒷받침하는 내용", 즉 수행의 전반적인 질을 높이는 데 도움되는 일을 구체적으로 표현해 평가요소를 잘 이해하게 한다. 2가지 모두 학생들이 자신의 수행을 개선할 수 있는 효과적인 질문을 하도록 돕는다.

루브릭으로 하는 간단한 자기성찰

학습에 능숙하고 자기관리를 잘하는 학습자의 경우는, 활동 중에 자기성찰을 할 시점과 시간을 정해두고 루브릭을 이용해 자기성찰 하기를 지도하면 된다. 활동 중 적절한 시점은 과업에 따라 다르다. 글쓰기의 경우는 초안 작성 후, 이어지는 수정 단계 이후가 적절한 자기성찰 시점이 될 테고, 여러 부분으로 구성된 프로젝트의 경우는 각각 다른 구성요소에 대해 초안을 작성한 후가 적절하겠다. 학기말 논문은 단계(논문 초안 또는 연구 질문, 도서관·인터넷 자료 수집, 개요 작성, 논문의 각 단락 쓰기 등)별로 자기성찰이 필요하다. 효율적으로 자기관리를 잘하는 학생은 수행에 자신이 지향하는 자질이 포함되어 있는지 스스로 확인하기 위해 루브릭을 사용할 줄 안다. 하지만 여전히 대다수 학생은 더 많은 디딤돌과 구조화된 도움을 필요로 한다.

루브릭을 디딤돌로 이용하는 자기성찰

표 4.1의 수학 문제 해결 능력 평가 루브릭 같은 구조의 루브릭은 수행에 대한 효과적인 질문을 매우 직접적으로 할 수 있게 한다. 학생들에게 가장 높은 수준이나 자신이 목표로 하는 수준에 초점을 맞추고, 수준별 수행 설명 안에 제시된 구성요소를 질문으로 바꾸게 하자.

- 나는 정답을 알아내는가?
- 나는 실수 없이 문제를 해결하는가?
- 나는 문제에 있는 중요한 정보를 모두 사용하는가? (기타 등등)

이와 달리 명확하고 학생 친화적인 용어를 사용하지 않은 루브릭의 경우, 다음 2가지 방법 중 하나를 택해보자. 첫째, 학생들과 함께 학생 친화적인 루브릭을 만들어본다. 이때 제한 사항은 모든 진술문이 '나는~'으로 시작하되, '나는 ~하는가?'라는 질문으로 변환 가능해야 한다는 것이다. 이 연습은 그 자체로 학생들이 목표가 무엇인지 정확히 배우는 데 도움이 된다(9장 참조). 두 번째 방법은 학생들이 루브릭의 평가요소와 수행 설명의 구성요소를 사용해 직접 질문을 만들어보는 것이다. 예를 들어, 표 4.2에서 서면 보고서 프로젝트 루브릭 '내용' 항목의 4 수준을 다음과 같이 제시한다.

> 논지가 분명함. 다양하고 풍부한 자료와 증거가 논지를 뒷받침함. 모든 자료가 논지와 관련이 있으며 세부적인 내용을 포함함. 정확한 정보를 담고 있음. 적절한 출처를 참조함.

이 진술에서 질문을 어떻게 만들 수 있는지 학생들과 함께 브레인스토밍한다. "논지가 분명함"부터 시작하면, 학생들은 다음과 같은 질문을 제안할 수 있다.

- 내 논지가 분명한가?
- 내 논지가 얼마나 분명한가?
- 내 논지가 분명한지 어떻게 알 수 있는가?

- 내 논지를 더 분명하게 만들려면 어떻게 해야 하는가?

학생들이 사용할 수 있는 성찰 질문 세트가 완성될 때까지 수준별 수행 설명의 구성요소마다 이런 활동을 계속한다. 또는 학생들이 쉽게 익숙해지면, 수행 설명을 질문으로 바꾸는 방법을 보여주는 활동을 몇 번 하고 나서 학생들이 직접 성찰 질문을 만들게 할 수 있다.

학생의 자기성찰에 대한 피드백

학생들이 실질적으로 자기성찰을 하게 돕는 첫 번째 열쇠는 자신의 수행에 관해 효과적인 질문을 하게 하는 것이다. 두 번째는 물론 이 질문들에 답하게 하는 것이다. 학생들이 자기성찰을 하는 법을 배우면서 그 질문들에 얼마나 잘 답하는지를 살펴보고 피드백을 제공하자. 학생의 자기성찰에 대한 피드백은 일반적으로 말로 이루어지지만, 만약 자기성찰 양식을 정식으로 사용하는 경우라면 글로 할 수도 있다. 자기성찰에 대한 피드백은 모든 학생에게 항상 제공해야 하는 것은 아니며, 성적에 반영되지 않는다.

파커와 브레이포글(Parker & Breyfogle, 2011)은 파커 교사가 가르치는 학생들이 익명의 과제 3개를 수학 문제 해결 능력 루브릭으로 평가하면서 자기성찰을 하는 과정을 설명한다. 학생들은 프로젝트 후반부에 한 익명 학생의 1주차와 4주차 과제를 평가하는 과정에서

1주차 수준과 4주차 수준이 루브릭에 어떤 식으로 다르게 기술되어 있는지 논의했다. 그런 다음 파커 교사는 모둠별로 시간을 주고 학생들에게 직접 질문을 던져 과제에서 관찰한 세부 사항이 무엇인지 끌어냈다. 마지막으로 개별 면담을 통해 학생들에게 해당 루브릭을 자신의 과제에 적용해보게 했다. 파커 교사가 사용한 후속 질문(예: "자신이 무엇을 했는지는 작성했는데, 왜 그렇게 했는지도 적었나요?")은 피드백 역할을 해서 관찰의 다음 단계("아니요, 저는 무엇을 했는지만 적었습니다")를 이끌었고, 마침내 학생들이 후속 조치 계획(이유 작성하기)을 세우도록 했다.

자기성찰

학생들이 자기성찰에 더 활발히 참여하도록 독려하는 방법에는 어떤 것이 있을까요?

요약하기

루브릭의 장점 중 하나는 형성평가에 유용하다는 것이다. 9장에서는 학습목표와 성공적인 학습의 평가요소를 학생들과 공유하기 위해 루브릭을 사용하는 방법을 제시했다. 이 10장에서는 학생의 수행을 개선하고, 이에 도움이 될 학습의 증거를 제시하기 위해 루브릭을 활용하는 방법을 알아보았다. 학생들이 글을 쓰고, 초안을 작성하고, 연습하고, 갈고 닦고, 광을 내는 동안, 드디어 성적을 산출해 학생들의 성취 수준을 인증하는 시기가 다가오고 있다. 다음 11장에서는 성적을 산출하는 채점 과정에서 루브릭을 어떻게 사용해야 하는지를 설명하겠다.

다시 생각하기

1. 다음 중 학생이 루브릭을 활용해 동료평가를 주고받을 때 유의할 점이 아닌 것에 표시(v)하세요.
   - □ 동료의 과제를 주의 깊게 읽거나 살핀다.
   - □ 과제 자체보다는 과제를 한 사람에 대해 이야기한다.
   - □ 과제에서 보이는 것을 설명하고 묘사할 때 루브릭에 있는 용어를 사용한다.
   - □ 동료의 의견을 루브릭과 비교해보고, 과제를 수정할 때 어떤 의견을 반영할지 결정한다.
   - □ 동료의 의견과 질문에 귀를 기울이고, 피드백에 감사한다.
2. 학생들이 루브릭을 활용해 자기평가를 하는 방법에는 성공적인 수행을 위한 _____ 되짚어보기, 진행 상황을 _____ 로 작성하기, 자신의 수행에 관해 _____ 을 던지게 하기 등이 있다.

• 답 : 1. ☑ 과제 자체보다는 과제를 한 사람에 대해 이야기한다. 2. 전략, 도표, 질문

11

루브릭을 이용한 채점 방법

지금까지 이 책은 루브릭을 어떻게 제작하는지, 양질의 루브릭을 어떻게 선정하는지, 그리고 학습을 돕는 도구로 루브릭을 형성평가에 어떻게 사용할 수 있는지를 다뤘다.

자기성찰

여러분은 채점할 때 루브릭을 어떤 식으로 사용해왔나요? 루브릭을 사용하면서 의문이나 문제가 생기지는 않았나요? 그것을 어떻게 해결했나요?

이 책의 마지막 11장에서는 루브릭이라는 멋진 그림을 완성하는 의미로, 루브릭을 이용한 채점을 다룬다. 교사들은 채점하기 직전까지는 루브릭을 잘 사용하다가도 막상 채점 단계에서 루브릭의 진정한 의미를 살리지 못하는 경우가 가끔 있다. 그 이유는 루브릭에서 기술하고 있는 수준의 점수가 대부분의 교사가 학창 시절에 경험해온 시험 점수나 백분율 숫자와는 다른 것이기 때문이다. 그런데 이번 11장은 채점을 주제로 결론을 포함한 체계적인 논문이 아니라, 채점 과정에서 루브릭이 어떤 역할을 할 수 있는가에 관한 논의임을 유념하자. 채점에 관해 더 깊은 논의를 원하는 독자는 브룩하트(Brookhart, 2011)나 오코너(O'Connor, 2011)의 연구를 참고하기를 바란다.

채점이란 무엇인가?

채점grading이라는 용어는 보통 2가지 다른 의미로 사용된다. 하나는 "과제를 채점한다", 또는 "시험을 채점한다" 할 때처럼 개별 과제에 점수를 부여함을 의미하는 경우다. 또 다른 하나는 성적표에 성적을 표시하기 위해 각각의 성적을 종합하는 과정을 가리키는 경우다. 성적표의 성적은 성취기준 기반 채점 방식을 따르는지, 전통적인 방식을 따르는지에 따라서 성취기준에 맞게 부여되거나 교과목에 부여된다. 이번 장에서는 개별 과제 채점에 루브릭을 사용하는 방식, 그리고 루브릭 채점 결과를 비롯해 여러 가지 성적을 종합하는 방식을 다루겠다.

루브릭에 기반한 성적과 백분율 — 그 중요한 차이

루브릭은 보통 3~6개 수준이 있는 간단한 척도를 사용한다. 루브릭에서 수준의 차이는 시험에서의 1점 차이와는 다르다. 정답과 오답만 있는 문항이든 부분 점수 부여 문항이든, 시험에서의 1점은 평정 척도상 아주 작은 증가를 의미한다.

루브릭은 수준별 수행 설명(각 평가요소에 대해 높은 수준부터 낮은 수준까지 하나의 연속선상에서 수행에 관해 기술한 내용)을 사용한다. 이 때문에 루브릭의 점수를 백분율로 나타내면 점수의 의미가 달라진다. 그런데도 많은 교사가 습관처럼 또는 성적표 관리 프로그램에 설정된 대로 루브릭 점수를 백분율로 나타내왔다. 예를 들면, 4점이 최고 수준인 루브릭에서 3점은 일반적으로 '능숙'을 의미한다. 하지만 4점 중 3점은 백분율로 따지면 75%이고, 75%는 대부분의 채점 체계에서 'C' 또는 심지어 'D'를 의미한다. 일반적으로 C나 D등급은 '능숙'을 의미하지는 않는다. 즉, 루브릭의 3점이 백분율의 의미와 일치하지 않음을 확인할 수 있다.

이 11장에서는 채점에 대해 몇 가지 제안을 하려고 한다. 이 제안들의 목표는 학생들이 제출한 개별 과제의 점수나 성적표에 표기될 최종 종합 점수가 학생들의 학습에 대한 정보를 최대한 충실하게 나타내는 것이다. 이와 관련된 양적 추론에 관심이 있다면 닛코와 브룩하트의 연구(Nitko & Brookhart, 2011)를 참고하기를 바란다.

개별 과제 채점에 루브릭 사용하기

아마 교사 대부분이 이미 이렇게 하고 있겠지만, 과제를 채점할 때는 학생들이 학습목표를 이해하고, 자신의 과제를 검토하고 향상시키는 형성평가의 목적으로 사용한 루브릭과 같은 루브릭을 사용해야 한다.

만약 학생들이 이처럼 루브릭을 형성평가에 활용해왔다면, 학생들은 자신이 받은 "성적"을 통해 평가요소마다 자신이 최종적으로 어느 수준까지 도달했는지를 명확히 알 수 있다. 루브릭은 학생들이 제출한 과제물이 어떠한가에 관해 기술하므로 학생들에게 가장 유의미한 정보를 제공한다. 학생들이 도달한 최종 수준을 알려줄 때 효과적인 방법 하나는 평가요소마다 최종 결과물이 해당하는 수행 수준 설명에 동그라미 표시를 하는 것이다. 루브릭에는 이미 수행에 관한 수준별 설명이 제시되어 있어서 교사가 일반적인 설명을 직접 일일이 작성하느라 시간을 소모하지 않고, 대신 그 시간에 학생 결과물의 특이 사항에 대해 교사의 생각을 짧게 남길 수 있다. 하지만 피드백이 가장 효과를 발휘하는 시점은 채점 전이지 채점 후가 아니니 설명이 많을 필요는 없다.

분석적 루브릭으로 채점된 수행평가를 합산한 종합 성적이 필요하다면, 평가요소마다 달성한 수준을 종합하면 된다. 가끔은 추후에 최종 종합 성적을 산출하기 위해 각 평가요소 점수를 미리 종합 점수로 만들어두는 경우가 생긴다. 그러나 하나로 통합된 점수보다는 평가요소별로 어떤 수준에 도달했는지가 학생들에게 더 유용한 정보를 제공하기 때문에, 점수를 종합하든 혹은 하지 않든, 개별 평가요소에 대해 어떤 점수를 받았는지 알려주어야 한다. 물론 각 평가요소가 각자 다른 성취기준에 대한 점수로 기록될 때는 점수를 종합하지 않아도 된다. 예를 들어 과학 과목에서 교과 내용 관련 성취기준, 탐구 역량 관련 성취기준, 그리고 의사소통 역량 관련 성취기준에 대한 평가요소가 각각 존재하고 점수 역시 각각 부여된다면, 이 점수들을 종합할 필요가 없다.

만일 한 과목의 종합 성적이 필요하다면, 각 평가요소의 평균값mean이 아니라 중앙값median이나 최빈값mode을 사용하자. 표 11.1은 여러 개의 점수를 하나의 점수로 종합할 때 가장 많이 사용하는 3가지 방법인 평균값, 중앙값, 최빈값을 계산하는 법을 간략하게 보여준다. 중앙값이 가장 권장되기는 하지만 이 표는 3가지 방법을 모두 다루니, 각 방법이 어떻게 다른 방식으로 수행을 종합하는지 알 수 있다.

표 11.1은 4가지 평가요소가 각각 6점이 만점인 분석적 루브릭을 이용해서 평가한 예시다. 이 과제를 수행한 한 학생은 각 평가요소에서 6, 5, 3, 3점을 받았다. 모든 루브릭의 평가요소가 늘 동등한 비중을 갖지는 않지만, 해당 예시는 4개의 평가요소가 동등한 비중을 갖고 있다고 가정한다. 다른 평가요소보다 어떤 한 평가요소의 비

표 11.1 — 여러 점수를 종합하는 3가지 방법: 평균값, 중앙값, 최빈값 사용하기

중심치 측정	예시
	4가지 평가요소가 각각 6점이 만점인 분석적 루브릭에서 한 학생이 6, 5, 3, 3점을 받은 경우
평균값 • 모든 점수의 총합을 점수의 개수로 나눈 점수 • 산술평균이라고도 함	**평균값=4.25** (6+5+3+3)/4=4.25
중앙값 • 전체 점수의 위 절반과 아래 절반의 중앙에 있는 점수(전체 점수가 2개이더라도 동일하게 적용) • 50번째 백분위수라고도 함	**중앙값=4** (점수를 먼저 순서대로 정렬한다) 6 5 3 3 ^ 4
최빈값 • 여러 점수 중 가장 빈번하게 부여한 점수 • "가장 흔히 보이는" 점수와 유사한 개념	**최빈값=3** (점수를 먼저 순서대로 정렬한다) 6 5 (3 3)

중을 늘려 평균값을 구하고 싶다면 점수에다 비중만큼의 숫자를 곱하면 된다. 예를 들어, 학생이 6점을 받은 평가요소의 비중을 2배로 늘리고 싶다면 평균값을 구할 때 6 대신 12를 사용하면 된다. 그러면 평균값은 5.75로 변할 것이다. 중앙값을 구할 때도 똑같이 하면 된다. 즉, 6을 1번이 아니라 2번 나열하는 것이다. 이렇게 하면 중앙값이 5가 된다.

평가 결과를 종합할 목적으로는 위의 3종류 값 중 중앙값을 사용할 것을 권한다. 중앙값은 표 11.1 예시에서 볼 수 있듯이, 평균값보다는 극단에 있는 점수들의 영향을 덜 받기도 하고 최빈값보다는 더 안정적이다. 예시에 있는 2개의 3점 중 하나가 5점이었다고 생각해보자. 평가요소 하나에만 점수 변화가 있었을 뿐이고, 이것이 수행 전반에 많은 변화가 있었음을 의미하지 않음에도 불구하고, 전체 점수에는 2점이라는 큰 차이를 가져왔다. 이는 6점이 만점인 척도에서는 매우 큰 차이이다. 게다가 중앙값은 계산하기도 아주 쉬워서 대부분의 분석적 루브릭에서 교사는 단순히 머릿속으로 수를 세는 것만으로도 점수를 계산해낼 수 있다. 다음으로 개별 과제의 점수를 종합할 때 스프레드시트를 사용해 중앙값을 구하는 방법을 소개하겠다.

루브릭에 기반한 개별 점수를 합해 성적표 점수를 만드는 방법

점수를 종합하는 방법을 고를 때는 2가지를 고려해야 한다. 즉, 어떤 유형의 점수를 결합해야 하는가? 그리고 성적표를 통해 전달하려는 메시지가 무엇인가? 자신에게 다음 질문을 해보자.

- 어떤 종류의 개별 점수를 종합해 성적표에 기록할 것인가? 개별 점수는 모두 루브릭의 척도상에 있는 점수인가, 아니면 루브릭으로 얻은 점수와 백

분율로 나온 점수가 섞여 있는가? 만약 모든 점수가 루브릭을 사용한 점수라면, 그 점수들은 모두 같은 척도를 사용했는가? 어떤 것은 4점 척도, 어떤 것은 6점 척도는 아니었는가? 이 질문들은 점수 종합 방식을 달라지게 한다. 만약 "사과와 오렌지는 똑같이 둥그니까 둘은 같은 바구니에 담아야지"라고 가정한다면, 이는 논리적 오류다. 점수들을 의미 있게 결합하려면, 그 전에 모든 점수가 같은 척도를 기반으로 해야 한다.

- 성적표에 학생들의 성적을 어떤 방식으로 기록하는가? 문자 등급(예: A, B, C, D, F)인가, 백분율인가, 아니면 성취기준을 기반으로 한 수행 범주대로 기록하는가? 이런 구분 역시 개별 점수 종합 방식에 차이를 가져온다.
- 성적표의 점수는 무엇을 의미하는가? 저자는 여기서 성적표 점수가 노력이나 출석 등이 아니라 성취를 반영한다고 가정하겠다. 그렇다면 이 성취는 과목별로 표기되는가? 혹은 성취기준별로 표기되는가? 성취가 다른 방식으로 표기되면 전체 성적에 다른 결과를 가져오므로, 유념할 필요가 있다. 만약 학생의 성취를 성취기준에서의 도달도 측면에서 표기했다면, 가장 최근의 학업성취도를 나타내는 학습 증거에 더 비중을 실어서 반영할 수 있다. 그 이유는 비록 시작할 때는 낮은 성취를 보였을지라도 해당 성취기준에 있어서 향상을 보일 경우, 성적 또한 올라갈 것이며 이때 각각의 성적은 초반의 점수와 후반의 점수가 모두 동일한 성취기준 내에서의 성취를 나타내기 때문이다. 만약 학생의 성취를 과목별로 표기했다면, 앞에서 언급한 것처럼 시간 차에 따른 성취도의 향상을 반영하기는 어렵다. 왜냐하

면 각각의 단원에서 서로 다른 성취기준을 다루었기 때문에 평가 기간 초반에 비해 후반에 더 높은 성취를 달성했다고 하더라도, 후반의 점수가 초반의 점수에 영향을 줄 수 없다.

학생들의 개별 점수를 성적표에 기록될 성적으로 종합하기 위해 어떤 방식을 이용할 것인지 표 11.2를 사용해 결정해보자. 표 11.2를 보면 모든 방식이 3가지 일반적인 단계를 거친다는 것을 알 수 있다. 각 단계는 위의 3가지 질문(어떤 종류의 개별 점수를 종합하는가? 어떤 방식으로 기록하는가? 성적표의 점수는 무엇을 의미하는가?)에 대해 교사 여러분이 어떤 답변을 했는지에 따라 다른 방식으로 진행된다.

표 11.2는 각 질문을 차례로 열거하고 첫 번째 질문에 대한 답으로부터 시작하는 2가지 흐름도를 보여준다. 또한 거기서 추천하는 방법은 모두 다음 목표에 도달할 수 있는 방법이다.

- 성적표의 점수가 의미하는 바를 고려해 종합할 개별 점수 확인하기
- 종합할 개별 점수가 같은 척도를 기반으로 하는지 확인하기
- 전체 개별 점수에서 나타난 학생의 "전반적인" 성취가 하나의 점수로 잘 드러날 수 있는 성적 종합 방식 택하기

각 항목에 관해 좀 더 자세히 알아보자.

표 11. 2 — 개별 점수를 종합해 성적표의 점수를 산출하기 위한 의사결정 나무

질문:	답:	
성적표에 점수를 표기할 때 어떤 종류의 개별 점수를 종합하는가?	**동일한 척도를 사용하는 경우** 모든 개별 점수는 루브릭을 통해 산출된 점수이며 모든 루브릭이 동일한 능숙도 척도를 사용함(예: 4단계 척도에서 3은 '능숙'을 의미)	
성적표에서 학생들의 점수를 어떻게 표기해야 하는가?	동일한 능숙도 척도상에 있는 능숙도 수준을 사용해 표기(예: 우수, 능숙, 보통, 기초)	
성적표의 점수는 무엇을 의미하는가?	성적표가 배부되는 분기에 맞추어 성취기준별로 종합한 학업성취도(예: 숫자와 연산, 주제 찾기)	성적표 배부 시기에 맞추어 성취기준별로 종합한 학업성취도(예: 숫자와 연산, 주제 찾기)
추천 방법:	• 성취기준별로 개별 점수를 분류하라. • 중앙값을 이용해 능숙도를 표기하고 필요하면 평가요소별로 가중치를 두라. 혹은 논리 규칙을 사용하라. • 시간이 지남에 따라 증가하거나 감소하는 양상이 보인다면 학생이 가장 최근 받은 점수 중 중앙값을 사용하라(혹은 특별한 경우, 가장 최근 값 하나만을 사용하라).	• 성취기준별로 개별 점수를 분류하라. • 각각의 개별 점수를 문자 등급 혹은 해당 점수가 나타내는 수행 수준으로 변환하라(혹은 처음부터 이런 방식으로 점수를 기록하라). • 능숙도 수준에서 중앙값을 사용하고 필요하면(평가요소별로) 가중치를 두라. 혹은 논리 규칙을 사용하라. • 시간이 지남에 따라 증가하거나 감소하는 양상이 보인다면 학생이 가장 최근 받은 점수 중 중앙값을 사용하라(혹은 특별한 경우, 가장 최근 값 하나만을 사용하라).

척도가 동일하지 않고 혼합된 경우

모든 개별 점수는 루브릭을 통해 산출된 점수이나 모든 루브릭 척도가 동일하지는 않음 혹은 몇몇 개별 점수는 루브릭 척도상의 점수이고 나머지는 백분율임(예: 시험 점수)

범주

문자 등급(예: A, B, C, D, F) 혹은 수행 수준(예: 우수, 능숙, 보통, 미흡; 혹은 뛰어남, 보통임, 개선이 필요함)

성적표 배부 시기에 맞추어 과목별로 종합한 학업성취도(예: 읽기, 수학, 과학, 사회)

- 과목별로 개별 점수를 분류하라.
- 각각의 개별 점수를 문자 등급 혹은 해당 점수가 나타내는 수행 수준으로 변환하라(혹은 처음부터 이런 방식으로 점수를 기록하라).
- 능숙도 수준에서 중앙값을 사용하고 필요하면(평가요소별로) 가중치를 두라.

백분율

백분율(예: 98%, 93% 등)

성적표 배부 시기에 맞추어 과목별로 종합한 학업성취도(예: 읽기, 수학, 과학, 사회)

루브릭 점수를 백분율로 바꾸는 것은 추천하지 않지만, 방침이 그렇다면 이 방법을 사용하라.

- 과목별로 개별 점수를 분류하라.
- 각각의 개별 점수를 백분율로 변환하라.
  - 이미 백분율인 점수는 그대로 두라.
  - 점수의 총합이 적어도 20 이상인 분석적 루브릭으로 백분율을 만들되, 그 방법은 학생이 받은 점수의 합을 받을 수 있는 점수의 총합으로 나누는 것으로 하라. 받을 수 있는 점수의 총합이 20 미만인 루브릭을 사용하지 않도록 유의하라. 혹은 변환표를 사용하라.
- 백분율의 평균이나 중앙값을 사용하고 필요하면(평가요소별로) 가중치를 두라.

※참고: 이 표는 채점할 때 결정할 사항 중 가장 일반적인 유형을 요약한 것이다. 따라야 할 채점 방침이 이 표에 없다면 제시된 설명을 활용해 가장 적합한 방법을 고안한다.

성적표 점수의 의미를 고려해 종합할 개별 점수 확인하기. 대개 성적표의 성적은 성취기준이나 과목에서의 성취도를 반영해야 한다. 성적을 기록할 때는 꼭 성취기준별 혹은 과목별로 각각 따로 정리해둬야 한다. 이는 매우 당연하고 뻔한 이야기지만 루브릭에 관한 책에서는 짚고 넘어갈 만한 가치가 있다.

어떤 프로젝트에서 분석적 루브릭을 사용했고, 과목별로 채점한다면 위에서 논의한 것처럼 루브릭의 점수들을 하나의 점수로 종합하면 된다. 하지만 성취기준별로 채점한다면, 평가요소마다 하나 혹은 둘 이상의 점수로 분리해야 한다. 예를 들어 학생들이 역사적 사건과 그 영향에 대한 보고서를 썼고, 교사가 표 4.2의 서면 보고서 프로젝트를 위한 일반적 루브릭을 이용해 채점하는 경우를 생각해 보자. 이런 경우 '내용'과 '추론과 논거' 점수를 종합해 역사적 사건의 이해와 분석 관련 성취기준에 대한 성취를 나타낼 수 있다. 나머지 평가요소인 '명료성' 점수는 역사적 사건의 전달 혹은 설명문 쓰기 관련 성취기준에 대한 지표가 될 수 있다.

따라서 개별 점수를 기록하기 전에 성적표 점수를 산출하려면 구체적으로 어떤 정보가 필요한지 미리 아는 게 중요하다. 교사가 필요한 정보를 미리 알고 성취기준별로 혹은 과목별로 개별 점수를 기록해뒀다면, 성적표 점수를 쉽게 계산할 수 있을 것이며 그 점수 또한 유의미하다. 이와 달리, 교사가 필요한 정보를 미리 파악하지 않고 이 방식으로 기록하지 않았거나, 따로 분리했어야 할 루브릭 점수들을 종합했다면, 최종 성적을 계산할 때 계산에 필요한 적절한 정보를 갖고 있지 않을 것이다. 설상가상으로 만약 한 교사가 자동으로 최종 성적을 계산해주는 그레이드북gradebook(교사가 학생들의 평가 데이터를 업로드하면 학생 성적이 자동 계산되고, 온라인에서 확인할 수 있으며, 학생의 학습과 평가 진행 상황을 학부모가 확인할 수 있는 소프트웨어를 의미한다. 최근 과정 중심 평가, 수시 평가가 확대되면서 종이 성적표 대신 웹 기반 그레이드북 활용이 늘어나는 추세이나 한국에서는 아직 일반화되지 않았다-옮긴이) 프로그램에 잘못 정리된 점수를 기록하기라도 한다면, 최종 성적이 교사가 의도한 바를 의미하지 않는다는 사실조차 인식하지 못할 수도 있다.

평가 기간이 시작될 때 점수 기록을 위해 어떤 정리법이 좋을지 선택하자. 미리 정리해두는 것은 어렵지 않지만, 뒤섞인 결과를 다시 정리하는 것은 어렵고 때로는 불가능하다.

종합할 개별 점수가 같은 척도 기반인지 확인하기. 여기서 척도라는 용어는 개별 점수가 표현된 숫자나 수준을 의미한다. 성적표 점수를 위해 종합하기로 한 점수가 다른 종류의 몇몇 척도를 이용해 산출되었을 수 있다. 예를 들면 백분율로 나타낸 점수가 있고, 4점 척도 루브릭으로 얻은 점수, 6점 척도 루브릭으로 얻은 점수가 섞여 있는 경우다. 당연히 4라는 점수는 4점 척도와 6점 척도 루브릭에서 다른 의미를 나타낸다. 그런데 이 점수들의 평균을 내려고 한다면 다른 정보가 뒤섞여 의미 없는 종합 점수를 내게 될 것이다.

시험, 수행평가, 프로젝트 등 어떤 유형의 과제였든 간에 상관없이 모든 과제를 채점할 때 동일한 능숙도 척도의 루브릭을 사용했다면, 성적 산출이라는 목적을 고려했을 때 개별 점수는 이미 동일 척도상에 있다. 6장에서 이런 종류의 루브릭을 어떻게 만들 수 있는지 설명했다.

개별 과제에 대해 기록한 모든 점수가 루브릭을 통해 산출되었지만 각 루브릭에 설정된 수준이 동일한 의미로 설계되지 않았거나, 설정된 수준의 개수가 다르거나, 혹은 둘 다에 해당한다면, 점수를 종합하기 전에 동일한 척도를 갖도록 조정해야 한다. 이는 앞서 언급한 "사과와 오렌지에 대한 논리적 오류" 같은 것을 예방하는 작업과 같다. 사용하는 루브릭이 모두 사과인지, 혹시 둥글다고 해서 오렌지를 사과와 같은 과일이라고 취급하는 것은 아닌지 확인해야 한다는 뜻이다. 다시 말하면, 점수들이 호환 가능해야 하고, 의미 있는 방식으로 결합할 수 있어야 한다는 뜻이다.

성적표 성적은 문자 등급(예: A, B, C, D, F) 형태일 수도 있고, 수행 수준(예: 우수, 능숙, 보통, 미흡)을 나타내는 형태이거나, 단지 성취 수준을 순서대로 나열한 단순 척도일 수도 있다. 개별 점수가 과목별로 정리되었든 성취기준별로 정리되었든 상관없이, 유의미한 방식으로 점수를 종합하는 가장 쉬운 방법은 성적표에서 성적을 기록하는 척도에 따라 개별 점수를 변환하는 것이다. 그런 다음 성적을 결합하면 결과가 이미 성적표의 척도에 부합하므로 두 번째 변환을 수행해야 하는 번거로움을 줄일 수 있다. 애초에 개별 점수를 기록할 때부터 이렇게 하기를 권장하지만, 만약 하지 않았다면 성적표 성적을 만들기 전에 점수를 변환하자.

예를 들어, 표 11.3을 보자. 표의 상단에는 4명의 학생이 수행한 5개의 과제 점수가 있다. 이 점수들은 교사가 백분율로 채점된 시험이나 퀴즈와 루브릭으로 채점된 수행평가를 혼합해 사용했을 때 흔히 발생하는 상황을 보여준다. 물론 여러 가지 평가 방법을 사용하는 것은 내용 영역, 인지 수준, 수행 방식 측면에서 다양하게 평가할 수 있기에 유익하다. 하지만 표 11.3에서 볼 수 있듯이 척도가 서로 호환되지 않는 채점 상황이 발생할 수 있다. 짧은 시간에 확인해봐도 단순히 숫자들을 "평균" 내면(모든 숫자를 더하고 5로 나누기) 해석이 불가능한 결과를 얻게 된다는 것을 바로 알 수 있다.

이러한 문제의 해결책은 성적을 고지할 때 사용하는 채점 척도 측면에서 개별 점수의 의미를 구분하는 것이다. 이렇게 하면 유의미한 방식으로 성적을 종합할 수 있다. 위 표에서 성적표는 문자 등급으로 성적을 표기하게 되어 있다. 만약 성적표가 능숙도(우수, 능숙 등)를 표시하게 되어 있다면 과정은 동일하되, 다만 문자로 변환하는 대신 능숙도로 변환하면 된다.

표 11. 3 — 개별 점수를 성적표에서 사용하는 척도로 변환해 종합한 예시

개별 평가에 대한 원점수						
학생	평가 #1	평가 #2	평가 #3	평가 #4	평가 #5	
에이든	79	2	74	3	4	
브리트니	68	2	69	2	3	
카를로스	93	4	98	5	6	
다니엘라	88	3	92	5	5	
성적표에 기록된 변환된 성적 (중앙값)						
학생	평가 #1	평가 #2	평가 #3	평가 #4	평가 #5	성적표 성적
에이든	C	C	C	C	B	C
브리트니	D	C	D	D	C	D
카를로스	A	A	A	A⁻	A	A
다니엘라	B	B	A	A⁻	A⁻	A⁻

※참고: 평가 #1과 #3의 원점수는 백분율이었다. 평가 #2의 원점수는 3점이 '능숙'을 의미하는 4점 만점 루브릭을 사용했고, 평가 #4와 #5의 원점수는 4점 이상이 '능숙'을 의미하는 6점 만점 루브릭을 사용했다. 성적표에서는 문자 등급 척도로 통합되기 때문에, 변환된 성적은 문자 등급(A, B, C, D, F)으로 표시되었다.

이 예시에서, 평가 #1과 #3의 결과는 백분율로 나타냈다. 백분율은 이해하기 쉽게 90-100=A, 80-89=B 등의 척도를 사용해 문자 등급으로 변환되었다. 물론 이런 변환을 할 때 교사 여러분은 자신이 근무 중인 지역이나 학교에서 이미 정해둔 척도를 사용해야 한다.

평가 #2는 4점 만점 루브릭으로 채점된 수행평가였고, 이 루브릭에서 3점은 '능숙'을 의미했다. 이 루브릭을 이용한 채점 결과는 교사의 주관적 판단으로 문자 등급으로 변환되었는데, 3점(능숙)은 B 수준, 4점(우수)은 A 수준, 2점(보통)은 C 수준의 결과물을 나타냈다. 평가 #4와 #5는 4점 이상이 '능숙'을 의미하는 6+1 특성 글쓰기 루브릭과 유사한 6점 루브릭으로 채점된 수행평가였다. 이 예시에서는 B로 '능숙'을 나타낸 일관성을 유지하기 위해서, 다음과 같이 변환되었다. 6=A, 5=A⁻, 4=B, 3=C, 2=D, 1=F. 백분율 변환에 있어 루브릭으로 채점한 결과를 문자로 변환할 때는 근무하는 학교나 지역의 지침에 따라야 하므로 이 예시의 변환과 꼭 일치할 필요는 없다.

만약 루브릭을 사용하고 있는데, 성적을 성적표에 백분율로 표기해야 한다면, 그건 더 곤란한 상황일 수 있다. 척도에 단계나 차이를 추후 추가한다고 해서 애초부터 없던 정밀함이 생겨날 수는 없기 때문이다. 루브릭에 있는 몇 개 안 되는 수행 수준을 101가지 점수(0점부터 100점까지)가 표시될 수 있는 척도에 배치하는 것은 수학적으로도 적절하지 않다. 그런데도 교사들이 백분율로 성적을 표기해야 하는 상황이라면, 루브릭 성적을 백분율로 나타내지 말라는 말은 전혀 도움이 되지 않는다. 엄밀히 말해서 백분율로 바꾸지 않는 것이 좋겠지만 학생들에게 달리 성적을 통지할 방법이 없다면, 그렇게 하는 수밖에 없다.

백분율로 성적을 통지하는 상황이라면, 지역 내 성적 통지 시스템을 바꾸기 위해 노력하기를 제안한다. 시스템이 바뀌기 전까지 지역이 요구하는 정책과 어쩔 수 없이 타협하고 있다고 생각하자. 만약 최종 성적을 백분율로 통지해야 한다면, 수학적으로 계산해 학생들의 학습에 대한 의미를 왜곡시키기보다는 교사의 적절한 판단으로 채점할 필요가 있다. 개별 과제에 대해 기록한 성적이 전부 루브릭을 이용한 것이든, 일부는 루브릭이고 일부는 백분율이든, 그 점수를 결합하기 전에 모든 점수를 백분율로 표기해야 한다. 이는 모든 점수가 호환할 수 있도록 해서, 결합했을 때 백분율 척도에서도 의미 있는 결과를 나타내도록 하기 위함이다.

백분율 점수가 꼭 필요하다면, 루브릭을 수학적으로 백분율로 나타내거나 교사의 판단하에 적절한 변환표를 사용하는 방법의 하나를 택해 이를 얻을 수 있다.

루브릭에서 백분율을 계산하려면(이렇게 쓰는 것만으로도 소름이 돋을 지경이다. 얼마나 끔찍한 상황인가!), 과제를 평가할 때 사용하는 모든 루브릭의 총점이 최소한 20점은 되어야 한다는 점을 명심하자. 30점이면 더 좋다. 총점이 적어도 20점이 되면, 이번 11장의 앞 단락에서 설명했던 루브릭 점수와 백분율 점수가 각자 의미하는 바가 불일치하는 문제를 해결하는 데 도움이 된다(4점 만점 척도에서 3점은 75%의 성취율이므로, 대부분의 백분율 평정 척도에서 '능숙'이 아니었던 예시를 기억하자.)

이 문제를 완전히 피할 수는 없지만, 루브릭의 총점을 높이면 약간의 개선이 가능하다. 4점 만점 루브릭 하나에서 3점을 받는 것과

4점 만점인 루브릭 5개에서 3점을 5번 받는 것(20점 중에서 15점)은 백분율을 따지면 똑같이 75%를 의미한다. 하지만 총점이 4점인 전자의 경우에는 75%의 다음 수준이 바로 100%로 뛰어오르고 그사이에 어떤 점수도 부여할 수 없는 반면, 총점이 20점인 경우는 75%와 100% 사이에 여러 점수를 부여할 수 있다(예: 3점을 4번, 4점을 1번 받은 경우는 80%, 3점 3번과 4점 2번의 경우는 85% 등). 만약 학생들의 학습에 대한 정보를 훼손하는 것이 마음에 걸리더라도 어쩔 수 없이 루브릭을 백분율로 변환해야 한다면, 거듭 강조하지만 변환 전 총점이 적어도 20점 이상은 되어야 한다.

이전에 나는 채점 관련 워크숍에서 어떤 교사에게 수행 수준이 가장 낮을 때 1점을 부여하는 루브릭에 관해 질문받은 적이 있다. 보통 루브릭의 가장 낮은 수준에는 "답을 알아보기 힘들다" 또는 "아무 답도 적지 않았다" 같은 내용이 기술되어 있다. 그 교사는 사실상 아무것도 하지 않았는데도 "점수를 얻는 것"이 괜찮은지 우려를 표했다. 이 흥미로운 질문은 학생들이 무엇인가를 수행할 때만 점수를 얻을 수 있다는 전제를 기반으로 한다. 성적은 학생들이 얼마나 성취했는가를 드러내야 하지만, 결국 교사들이 임의로 만든 척도에 따라 측정된다. 만일 한 학생이 아무것도 하지 않았는데도 5개 평가요소에서 4점 만점에 1점을 받아 루브릭에서 총 25%라는 점수를 받는다면 어떻게 될까? 결과적으로 학생은 낙제하게 될 것이다. 사실 이 점수는 4지 선다형 객관식 시험에서 학생이 정답을 추측하는 확률과 일치한다.

루브릭 점수를 백분율로 나타낼 때, 교사의 판단을 기반으로 한 변환표를 이용하는 것은 단순히 계산을 통한 백분율 산출에 비해 좀 더 논리적인 옹호가 가능하다. 루브릭 점수를 백분율로 나타내는 것은 앞서 언급했듯이 없었던 정밀함을 나중에 만들어내는 것이므로 여전히 수학적으로는 불가능한 일이나, 교사는 적어도 학생들의 배움에 대해 더욱 신중한 판단을 내릴 수 있기 때문이다. 표 11.4는 교사의 판단으로 구성된 변환표 예시다.

표 11.4 — 루브릭 점수를 백분율로 기록하기 위한 판단 기반Judgement-based 변환표

하나의 평가에서 모든 평가요소에 대해 받은 전체 점수의 중앙값	그 평가에 대해 교사가 판단한 "백분율" 성적
4.0	99
3.5	92
3.0	85
2.5	79
2.0	75
1.5	67
1.0	59

표 11.4에 기록된 내용은 학습에 관한 판단을 반영한다. 이 추론은 루브릭 척도의 3점은 어느 정도 능숙한 수준을 의미하기 때문에, 학교에서 사용되는 백분율 척도로 환산하면 "중간 B(B⁺이나 B⁻가 아니라 B° – 옮긴이)"가 된다는 전제에서 출발한다. 이해를 돕기 위해 위 변환표의 백분율 척도 90~100 사이를 A, 80~89 사이를 B로 설정해보자. 이 변환표에서 가장 낮은 점수를 받은 학생은 루브릭 척도에서는 1점을 받아 낙제(F) 점수를 받게 되지만, 변환된 백분율 척도에서는 59점이므로 F에서도 상위 수준이 된다(A: 90~100, B: 80~89, C: 70~79, D: 60~69, F: 0~59 – 옮긴이). 위의 예시와 다른 척도를 사용하는 학교는 변환표의 숫자가 다를 것이며, 수행의 4가지 수준이 무엇인지에 대해 위의 예시와 다르게 판단한 경우에도 변환표의 숫자는 달라질 것이다.

이런 변환표는 동료 교사나 같은 교과, 혹은 학교 전체가 같이 만드는 것이 가장 좋다. 판단에 다양한 관점이 반영될수록 더 좋은 변환표를 만들 수 있다. 더 많은 합의를 거친 판단일수록 이를 사용하거나 학생과 학부모에게 설명하기도 더 수월하다.

마지막으로, 루브릭 점수를 백분율로 전환하는 것은 오직 성적 지침에서 요구하는 경우에만 행해야 하는, 현실상 어쩔 수 없는 타협일 뿐이며 저자가 지향하는 바가 아님을 강조하고 싶다.

전체 개별 점수에서 나타난 학생의 "전반적인" 성취가 하나의 점수로 잘 드러날 수 있는 성적 종합 방식 택하기. 개별 점수가 '사과 바구니에는 사과만을'처럼 동일한 척도를 기반으로 하고 있다면, 그것들을 결합할 준비가 된 것이다. 대부분의 목적에 두루 사용하려면 중앙값을 사용하는 것을 권한다. 중앙값을 사용하는 것은 수행 측정의 척도가 점수를 순서대로 나열할 수 있는 형태일 때 "일반적인" 값을 측정할 수 있는 적절한 방법이다. 중앙값을 계산할 때 더 중요한 성적에 쉽게 가중치를 둘 수 있다. 예를 들어 2배의 가중치를 주려면 해당 점숫값을 2번 나열하고, 3배의 가중치를 주려면 3번 나열하면 된다. 중앙값을 사용할 때는 극단적으로 낮거나 높은 점수에는 가중치를 두지 않는다.

만약 성적표의 성적 표기 방식이 문자 등급(예: A, B, C, D, F)이나 수행 수준(예: 우수, 능숙, 보통, 미흡), 혹은 성취 수준을 순서대로 나열하는 또 다른 척도라면, 이들의 중앙값을 사용하자. 각각의 개별 점수는 이미 성적표에 적합한 척도로 변환되어 있을 테니 중앙값을 채택하기 전에 다른 것들보다 가중치를 두어야 할 개별 점수가 있는지만 확인하면 된다.

만약 성적표의 성적을 과목별로 표기하고 개별 점수는 다양한 성취기준에 대한 배움을 측정하는 경우, 더 중요한 성취기준에 대한 개별 점수의 가중치를 2배로 늘리는 것을 고려해보자. 정보를 기억하는 평가나 기본적인 이해에 대한 평가보다 좀 더 복잡한 사고에 기반하거나 추가적인 수행이 요구된 평가는 점수의 가중치를 2배로 늘릴 수도 있다. 결정된 가중치 비율이 전체 정보를 고려했을 때 적절하다고 판단되면, 위의 내용과 표 11.1에서 여러 번 언급했듯이 중앙값을 사용하자. 표 11.3 예시에서는 한 평가에 다른 평가보다 더 큰 가중치를 두면 안 된다는 판단 아래, 각각의 개별 평가는 똑같은 비중으로 계산되었다. 5개의 평가 점수를 종합하는 데 중앙값이 사용되었고, 그 결과는 "성적표의 성적"에서 확인할 수 있다.

만약 성적표의 성적을 과목이 아니라 성취기준별로 표기하는 경우, 동일한 성취기준에 대한 과제가 여럿이더라도 각 과제의 개별 점수가 성적표의 성적에서 차지해야 할 비율을 고려해 가중치를 두어야 한다. 하지만 이 작업이 끝나고 나서 중앙값을 채택하기 전에 잠시 멈추고 시간의 흐름에 따라 개별 점수가 어떻게 변해왔는지 살펴보자. 만약 그 양상이 학습곡선(낮게 시작해 오른 후에는 수평 유지)처럼 보인다면, 수평을 유지하는 후반부 구간의 개별 점수는 해당 성취기준에 대한 학생의 현재 성취도를 나타낸다. 이 점수들의 중앙값을 사용하면 된다.

만약 학습곡선과는 정반대로 시간에 따라 감소하는 양상을 보인다면(흔하지는 않지만, 가끔 이런 일이 발생한다), 이 경우에도 최근에 보여준 학습 증거를 기반으로 중앙값을 낼 수도 있다. 혹은 학생이 초반에 보였던 실력 역시 그 학생의 실력이라고 믿고 모든 개별 점수의

자기성찰

표 11.2의 의사결정 나무의 가지 중 어떤 부분이 여러분의 학교와 교실에서의 채점 규정, 요구 사항과 가장 깊은 관련이 있나요? 여러분의 평소 채점 방식과 이번 장에서 추천하는 방법은 얼마나 일치하나요?

중앙값을 낼 수도 있다. 하지만 학생이 왜 슬럼프에 빠지게 되었는지 그 이유를 찾아내는 것 또한 필요하다. 사실은 성적표 통지 전에 교사가 학생의 슬럼프를 알아차리고 어떤 조치를 취하는 것이 더 좋다.

만약 특별한 양상을 보이지 않는다면, 모든 개별 점수의 중앙값을 사용하자. 표 6.4 코트 학생의 사례가 이런 경우다.

만약 루브릭을 사용하지만 성적표에는 반드시 백분율로 나타내야 한다면, 결국 개별 점수를 각각 백분율로 바꾸게 될 것이다. 더 중요한 성취기준과 복잡하고 확장적인 사고를 측정하는 평가에 더 많은 가중치를 주고, 덜 중요한 성취기준과 정보의 암기 여부에 대한 평가에는 더 적은 비중을 두면 된다. 나는 여전히 백분율의 중앙값을 종합 점수로 사용할 것을 추천한다. 이를 통해 극단적인 점수들의 영향을 최소화하면서도 용인 가능한 평균 점수를 통지할 수 있다(같은 이유로, 루브릭에서 백분율로 변환된 점수가 아니라 애초부터 백분율이었던 점수를 종합할 때도 중앙값을 사용하는 것을 권장한다). 그러나 백분율의 평균 또한 종합 점수로 사용할 수 있다.

요약하기

이 11장에서는 첫째, 루브릭을 이용해 개별 과제를 채점하고, 이 점수들을 종합해 성적표 점수를 산출하는 방법을 논의했다. 루브릭의 가장 중요한 측면은 배움을 기술하고, 성장시키며, 지원하도록 사용되어야 한다는 점이다.

저자는 이 장에서 루브릭을 활용한 결과가 배움의 진정한 의미를 잘 반영할 수 있도록 하는 개별평가와 성적표 점수 산출 방식을 몇 가지 제안했다. 루브릭을 이용해 도출된 점수도 표면적으로는 여타 다른 점수들과 같아 보이기 때문에, 교사들은 종종 자신도 모르는 사이에 부적절한 방법으로 이 점수들을 종합하거나 평균을 내버릴 때가 있다. 이 11장이 루브릭을 통해 얻게 된 점수에 관해 깊이 생각해 볼 기회가 되기를 바란다.

둘째, 11장에서 개별 점수의 종류, 성적표 성적 표기 방식, 성적표 성적이 지닌 의미를 바탕으로 채점에 대해 일련의 판단을 내려서 성적표 성적을 산출하는 몇 가지 권고안을 제시했다.

물론 이번 장에서 언급한 3가지 질문에 대해 가능한 모든 답을 다룰 수는 없다. 만약 이 장에서 다루지 않은 상황에 처해 있다면, (1) 종합할 개별 점수 확인하기 (2) 개별 점수를 모두 같은 척도에 두기 (3) 해당 점수에 적용하기 적합하고 학생 성취에 대해 가장 적절한 메시지를 담는 결과를 도출하는 성적 종합 방식 사용하기 등 일반적인 계획을 따라야 할 것이다.

다시 생각하기

1. 개별 점수를 종합해 성적표의 점수를 만드는 방법에 관한 구체적인 예시를 | 보기 |에서 찾아 기호를 써보세요.

| 보기 |

a) 개별 점수의 척도가 4점 척도, 6점 척도 등 서로 다른 경우, 동일한 척도를 갖도록 조정한다.

b) 극단에 있는 점수들의 영향을 덜 받고 상대적으로 안정적인 중앙값을 사용해 여러 개의 수를 하나의 점수로 종합한다.

c) 과목별로 채점할 때 개별 점수를 하나의 점수로 종합하되, 성취기준별로 채점할 때는 최근 성취도를 나타내는 학습 증거에 더 비중을 두고 종합한다.

1) 성적표의 점수가 의미하는 바를 고려하기 (　)
2) 종합할 개별 점수의 척도가 동일한지 확인하기 (　)
3) 전반적인 성취가 하나의 점수로 잘 드러나는 성적 종합 방식 선택하기 (　)

• 답 : 1) c　2) a　3) b

더 효과적인 루브릭 기반의 수업과 평가를 희망하며

최근 들어 루브릭은 아주 흔히 사용되고 있다. 하지만 내 경험에 의하면 제대로 사용되지 않는 경우가 훨씬 많다. "문단 내에 형용사가 4개이다"처럼 사소한 사실이나 목록에 기반한 평가요소를 찾는 방식이거나, 루브릭의 최대 장점인 형성평가나 학생 중심 평가의 기회를 전혀 활용하지 않은 채, 루브릭을 여타 다른 점수 기반 채점 체계와 같은 방식으로 사용하는 경우가 허다하다.

루브릭으로 채점한 점수를 시험 점수나 다른 방식으로 산출된 성적과 부적절한 방식으로 합산해, 결국 최종 성적에서 학생의 성취가 잘못 표현되는 채점 관행 역시 안타깝게도 수두룩하다. 그런 상황에서 이 책에서 가장 먼저 얻을 수 있는 이점 중 하나는, 바로 이러한 일반적인 문제를 해결할 수 있는 중요한 자원을 제공한다는 것이다.

자기성찰

루브릭에 대한 현재 견해는 어떤가요? 책 초반에 여러분이 했던 생각과 지금의 생각을 비교해볼까요?

하지만 이 책은 루브릭과 관련된 문제의 해결책 그 이상이 될 것이라 믿는다. 명확한 설명과 다양한 예시, 그리고 루브릭을 활용한 교수 전략이 포함된 이 책으로 교사들이 더욱 효과적인 루브릭 기반의 수업과 평가를 해내기를 바란다. 특히 학생들을 평가와 학습에 더 많이 주체적으로 참여시키는 방법에 영감을 얻기를, 그래서 이 책이 교사들을 지원하고 학생들의 배움을 발전시키기를 바란다.

이 책에서 제시하는 다양한 예시와 설명을 통해 교사들이 루브릭에 대해 더 깊이 생각하고 더 적극적으로 루브릭을 사용하면 좋겠다. 그래서 단순히 책이나 인터넷에서 루브릭을 가져오는 대신, 우리 교사들이 스스로 자신의 수업에 적합한 루브릭을 디자인하고 활용해 전략적인 교수법과 학습법을 각자의 현장에서 실현하기를 소망한다.

감사의 말

많은 분의 응원과 도움, 지원에 감사드린다. 훌륭한 베브 롱Bev Long과 암스트롱 학군Armstrong School District의 교육자들, 코니 모스Connie Moss와 듀케인대학교Duquesne University 교육학연구발전센터, 멋진 동료인 주디 아터Judy Arter와 잰 차푸이Jan Chappuis, 그리고 수년간 나와 함께 대화를 나누어준 헌신적인 모든 교육자에게 감사한다. 이들과 함께 루브릭과 학생의 배움에 관한 대화를 언제든지 나눌 수 있었던 것은 내게 큰 행운이었으며, 나는 모두에게서 많은 것을 배웠다. ASCD(평가과정개발협회로 비영리협회인 'Association for Supervision and Curriculum Development'의 약자-옮긴이)의 재능 있는 편집자들과 제작 부서 직원들, 특히 제니 오스터태그Genny Ostertag와 데버라 시걸Deborah Siegel에게 감사의 마음을 전한다. 또한 사랑하는 내 가족들, 특히 남편 프랭크Frank의 사랑과 지지에 감사하고, 웃음에 관한 루브릭을 만들 때 특별히 도움을 준 딸 레이철Rachel과 모든 시간을 함께 견뎌준 딸 캐럴Carol에게도 감사한다.

이 책은 여러분 모두에게서 영감을 받아 쓰였다. 물론 어떤 오류나 누락된 부분이 있다면 그것은 오직 나의 책임이다.

참고문헌

A

Andrade, H. L., Du, Y., & Mycek, K. (2010). Rubric-referenced self-assessment and middle school students' writing. *Assessment in Education*, 17(2), 199-214.

Andrade, H. L., Du, Y., & Wang, X. (2008). Putting rubrics to the test: The effect of a model, criteria generation, and rubric-referenced self-assessment on elementary students' writing. *Educational Measurement: Issues and Practice*, 27(2), 3-13.

Arter, J. A., & Chappuis, J. (2006). *Creating and recognizing quality rubrics*. Boston: Pearson.

Arter, J. A., & McTighe, J. (2001). *Scoring rubrics in the classroom*. Thousand Oaks, CA: Corwin Press.

Arter, J. A., Spandel, V., Culham, R., & Pollard, J. (1994). *The impact of teaching students to be self-assessors of writing*. Paper presented at the annual meeting of the American Educational Research Association, San Francisco. ERIC Document Reproduction Service No. ED370975.

B

Brookhart, S. M. (1993). Assessing student achievement with term papers and written reports. *Educational Measurement: Issues and Practice*, 12(1), 40-47.

Brookhart, S. M. (1999). Teaching about communicating assessment results and grading. *Educational Measurement: Issues and Practice*, 18(1), 5-13.

Brookhart, S. M. (2010). *How to assess higher-order thinking skills in your classroom*. Alexandria, VA: ASCD.

Brookhart, S. M. (2011). *Grading and learning: Practices that support student achievement*. Bloomington, IN: Solution Tree.

C

California State Department of Education. (1989). *A question of thinking: A first look at students' performance on open-ended questions in mathematics*. Sacramento, CA: Author. ERIC Document No. ED315289.

Chapman, V. G., & Inman, M. D. (2009). A conundrum: Rubrics or creativity/metacognitive development, *Educational HORIZONS*, 87(3), 198?202.

Chappuis, J. (2009). *Seven strategies of assessment for learning*. Boston: Pearson.

Chappuis, J., Stiggins, R., Chappuis, S., & Arter, J. (2012). *Classroom assessment for student learning: Doing it right-using it well* (2nd ed.). Boston: Pearson.

Chappuis, S., & Stiggins, R. J. (2002). Classroom assessment for learning. *Educational Leadership*, 60(1), 40-43.

Coe, M., Hanita, M., Nishioka, V., & Smiley, R. (2011, December). *An investigation of the impact of the 6+1 Trait Writing model on grade 5 student writing achievement: Final report*. NCEE Report 2012-4010. Washington, DC: U.S. Department of Education.

G

Goldberg, G. L., & Roswell, B. S. (1999-2000). From perception to practice: The impact of teachers' scoring experience on performance-based instruction and classroom assessment. *Educational Assessment*, 6(4), 257-290.

H

Hafner, J. C., & Hafner, P. M. (2003). Quantitative analysis of the rubric as an assessment tool: An empirical study of student peer-group rating. *International Journal of Science Education*, 25(12), 1509-1528.

Heritage, M. (2010). *Formative assessment: Making it happen in the classroom*. Thousand

Oaks, CA: SAGE.

Higgins, K. M., Harris, N. A., & Kuehn, L. L. (1994). Placing assessment into the hands of young children: A study of student-generated criteria and self-assessment. *Educational Assessment*, 2(4), 309-324.

K

Kozlow, M., & Bellamy, P. (2004). *Experimental study on the impact of the 6+1 Trait® Writing Model on student achievement in writing*. Portland, OR: Northwest Regional Educational Laboratory. Retrieved January 16, 2012, from http://educationnorthwest.org/webfm_send/134

L

Lane, S., Liu, M., Ankenmann, R. D., & Stone, C. A. (1996). Generalizability and validity of a mathematics performance assessment. *Journal of Educational Measurement*, 33(1), 71-92.

M

Moss, C. M., & Brookhart, S. M. (2009). *Advancing formative assessment in every classroom: A guide for instructional leaders*. Alexandria, VA: ASCD.

Moss, C. M., & Brookhart, S. M. (2012). *Learning targets: Helping students aim for understanding in today's lesson*. Alexandria, VA: ASCD.

N

National Council of Teachers of Mathematics (NCTM). (1989). *Curriculum and evaluation standards for school mathematics*. Reston, VA: Author.

Nitko, A. J., & Brookhart, S. M. (2011). *Educational assessment of students* (6th ed.). Boston: Pearson.

O

O'Connor, K. (2011). *A repair kit for grading: 15 fixes for broken grades* (2nd ed.). Boston: Pearson.

P

Parker, R., & Breyfogle, M. L. (2011). Learning to write about mathematics. *Teaching Children Mathematics*, 18(2), 90-99.

Perkins, D. N. (1981). *The mind's best work*. Cambridge, MA: Harvard University Press.

R

Ross, J. A., Hogaboam-Gray, A., & Rolheiser, C. (2002). Student self-evaluation in grade 5-6 mathematics: Effects on problem-solving achievement. *Educational Assessment*, 8, 43-58.

Ross, J. A., & Starling, M. (2008). Self-assessment in a technology-supported environment: The case of grade 9 geography. *Assessment in Education*, 15(2), 183-199.

S

Sadler, D. R. (1989). Formative assessment and the design of instructional systems. *Instructional Science*, 18, 119-144.

W

Wiliam, D. (2011). *Embedded formative assessment*. Bloomington, IN: Solution Tree.

부록 A

6+1 특성® 글쓰기 루브릭

(3~12학년*)

*한국 학제로는 초등학교 3학년~고등학교 3학년

핵심 질문

아이디어

글이 주제에서 벗어나지 않고, 독자에게 새로운 정보나 관점을 제공하는가?

	미숙			능숙		
	1 시작 단계	2 기초 단계	3 발전 단계	4 능력발휘 단계	5 능숙 단계	6 우수 단계
	중심 생각이나 주제를 반영하지 못함.	글의 주제를 제시하나 중심 생각이 명료하지 않음.	중심 생각을 진술하거나 드러내고 있지만, 주제를 벗어나고 부정확하거나 또는 제대로 전개되지 않음.	중심 생각이 전반적으로 주제에서 벗어나지 않고, 명료하고 정확하게 전달되며, 적절히 전개됨.	중심 생각이 주제에서 벗어나지 않고 명료하며, 중요한 중심 생각이 설득력 있게 전개됨.	중심 생각이 명료하고, 주제에서 벗어나지 않고, 독창적인 통찰력을 드러내며 완벽하게 전개됨.
A. 중심 생각	중심 생각이나 주제를 반영하지 못함.	전반적인 주제에서 벗어나지 않고 있으나 중심 생각이 명료하지 않음.	중심 생각을 드러내고 있으나 글의 방향이 혼란스럽고 애매모호함.	중심 생각이 적당히 명료하고, 주제를 벗어나지 않음.	중심 생각이 명료하고, 주제를 벗어나지 않으며, 다소 복잡하거나/또는 독창적임.	글을 관통하는 중심 생각이 명료하고, 주제를 벗어나지 않으며, 복합적이면서도 독창적임.
B. 세부 사항, 증거, 뒷받침	글의 내용이 중심 생각을 뒷받침하지 못함. ――― 7학년(*중1) 이상 수준의 논설문 쓰기에서 자신의 주장에 대해 예상되는 반론에 대한 언급이 전혀 없음.	약간의 정보 그리고/또는 세부 사항으로 중심 생각을 뒷받침하려고 시도하지만, 주제에서 벗어나고 불분명하거나 관련이 없음. ――― 7학년 이상 수준의 논설문 쓰기에서 자신의 주장에 대해 예상되는 반론을 언급하고 있으나 그에 대한 반박을 전개할 시도는 하지 않음.	중심 생각을 구체성, 관련성 그리고/또는 정확성이 결여된 정보와/정보나 세부 사항으로 부수적으로 뒷받침함. ――― 7학년 이상이 쓰는 논설문 쓰기에서 자신의 주장에 대해 예상되는 반론을 포함하고 있으나 이에 대한 반박의 전개가 부적절함.	중심 생각을 대부분 정확하고 구체적이며 관련이 깊은 정보나/혹은 정보와 세부 사항으로 뒷받침함. ――― 7학년 이상 수준의 논설문 쓰기에서 자신의 주장에 대해 예상되는 반론을 적절하게 반박함.	중심 생각을 구체적이고, 신뢰할 만하고, 관련 있는 정보 그리고/또는 생생한 세부 사항으로 충실하게 뒷받침함. ――― 7학년 이상 수준의 논설문 쓰기에서 자신의 주장에 대해 예상되는 반론을 충분하게 반박함.	중심 생각을 매우 구체적이고 신뢰할 수 있는 정보 그리고/또는 뻔하지 않고 신선한 세부 사항들로 설득력 있게 뒷받침함. ――― 7학년 이상 수준의 논설문 쓰기에서 자신의 주장에 대해 예상되는 반론에 대해 적절한 반박을 독창적인 방식으로 빈틈없이 완벽하게 전개함.

	미숙			능숙		
	1 시작 단계	2 기초 단계	3 발전 단계	4 능력발휘 단계	5 능숙 단계	6 우수 단계
C. 추론 / 사고	아이디어를 발전시키거나 연결하는 과정에 글쓴이의 생각이 보이지 않음.	아이디어를 논리적으로 분석하거나 연결하지 않고 일반화함.	아이디어 간의 관계를 드러내려 하지만 명확성이나 논리적 연결이 부족함.	작가의 추론이나 관점을 독자가 이해하도록 도움. 아이디어를 연결함.	고차원적 사고를 통해 참신한 추론이나 관점을 제시하고 연결함. 아이디어를 명확히 함.	고차원적 사고와 설득력 있는 추론을 이용하여 독특하고 유용한 통찰력을 보임. 독창적인 방식으로 아이디어를 명확하게 하고 강화함.
D. 독자에 대한 인식 / 참여	독자를 염두에 두고 정보를 공유하지 않음.	아이디어를 탐색하는 과정에서 독자를 전혀 고려하지 않은 채 정보를 제공하는 것에 그침. 중요한 질문에 대해 전혀 다루지 않음.	아이디어를 탐색할 때 독자를 고려하여 글을 서술하려는 시도를 함. 중요한 질문이나 관심사를 많이 다루지 않음.	아이디어를 탐색할 때 독자를 적절히 고려해 서술함. 독자의 질문 그리고/또는 관심사에 대해 적절하게 다룸.	아이디어를 탐색할 때 독자를 충분히 고려하여 효과적으로 글을 전개함. 독자의 지식, 질문 그리고/또는 편견에 대해 충분히 다룸.	독자가 아이디어에 대해 다층적으로 탐색할 수 있도록 성공적으로 글을 전개함. 독자의 지식, 질문, 편견에 대해 다양한 수준에서 충분히 다룸.
E. 근거 및 출처 (선택사항)	주제나 논점을 뒷받침하는 근거가 전혀 없음. 출처에 대한 언급이 없고, 주제를 뒷받침하는 내용에 일부 표절한 부분이 있음.	주제나 논점을 뒷받침하는 근거가 매우 빈약함. 출처의 일부만을 언급하고 있으며, 뒷받침하는 내용에 일부 표절이 포함되었을 수 있음.	주제나 논점을 뒷받침하는 근거가 빈약함. 전반적으로 출처에 대해 언급하고 있으나 주제를 뒷받침하는 내용에 일부 표절이 포함되었을 수 있음.	주제나 논점을 뒷받침하는 여러 근거가 적절히 통합되어 제공됨. 출처를 적절히 표기하고 있음.	주제나 논점을 뒷받침하는 여러 근거가 본문에 잘 통합되어 드러남. 출처를 적절히 표기하고 있음.	본문에 주제나 논점을 뒷받침하는 근거들이 아주 매끄럽게 통합되어 본문에 자연스럽게 녹아 있음. 출처를 적절히 표기하고 있음.

핵심 질문

글의 구조가 아이디어를 강화하고 이해하기 쉽게 만드는가?

	미숙			능숙		
	1 시작 단계	2 기초 단계	3 발전 단계	4 능력발휘 단계	5 능숙 단계	6 우수 단계
	글의 구조를 확인할 수 없음. 글에 방향성이 없거나 글을 제멋대로 쓴 것으로 보임.	글의 구조가 대부분 비효율적이어서 독자가 글의 흐름을 따라갈 수 있는 부분이 거의 없음.	글의 구조가 발전하고 있지만 산만해서 흐름을 이해하기 어려움.	기본적인 글의 구조가 독자가 큰 혼란 없이 논리적인 흐름에 따라 글을 읽어나가도록 함.	글의 구조가 매끄럽고 응집력 있으며 다채로운 기술을 반영해 글 전체에 통일성을 줌.	매끄러운 글의 구조가 핵심이 되는 아이디어와 해당 내용 간의 관계를 강화하고 효과적으로 보여줌.
A. 도입부와 결론	도입부와 결론이 없음.	도입부 혹은 결론 중 하나만 포함하고 있음. --- 도입부가 있다면 글의 목적을 설정하지 못하고, 결론이 있다면 글의 마무리를 하지 못함.	도입부와 결론을 모두 포함하고 있음. --- 도입부에서 글의 목적을 설정하지 못하고/또는 결론에서 글의 마무리를 하지 못함.	도입부에서 글의 목적을 설정하고 있지만, 상투적이거나 노골적임. --- 결론에서 글의 마무리를 하고 있으나 상투적이거나 노골적임.	도입부에서 독자의 기대를 불러 일으키고 글의 목적을 명확하게 설정함. --- 글의 마무리를 잘 매듭지어 독자에게 만족감을 주는 결론을 제공함.	명확한 목적을 설정하고 독자를 끌어들이며 강한 기대감을 불러일으키는 매력적인 도입부를 작성함. --- 글의 마무리가 강력하고 섬세해 만족스러운 결론을 도출함.
B. 전환어구	전환어구를 사용하지 않음. --- 문단의 구분이 없음. 아이디어 배열에 대한 고려가 전혀 없음.	전환어구를 거의 사용하지 않음. --- 문단 구분이 제멋대로임. 아이디어를 제대로 배열하지 못하여 아이디어가 서로 조화롭게 어울리지 못함.	전환어구의 사용이 반복적이며 일관성이 없고/없거나 아이디어를 연결하지 못함. --- 여러 아이디어를 문단으로 제대로 구분하지 못함. 아이디어를 효과적으로 배열하지 못하여 큰 그림을 제대로 보여주지 못하거나 정형화된 뻔한 흐름을 보임.	전환어구를 포함하여 아이디어를 연결하고 있지만 뻔하고 예상 가능함. --- 각각의 아이디어를 일관성 있게 문단으로 구분함. 아이디어를 논리적 흐름에 따라 배열함.	논리적이고 다양한 전환어구를 사용하여 아이디어를 연결하고 발전시킴. --- 내용 전개에 도움이 되도록 문단을 구분함. 아이디어를 자연스럽게 배열하여 전체적인 통일감을 형성함.	다양한 전환어구를 심사숙고하여 매끄럽게 사용했으며, 이를 통해 아이디어를 명확하게 연결하고 의미를 강화함. --- 문단을 잘 구분하여 아이디어를 강화함. 아이디어를 매우 효과적으로 배열하고 있으며 글의 전개와 독자의 이해를 풍부하게 만드는 최선의 선택을 함.

	미숙			능숙		
	1 시작 단계	2 기초 단계	3 발전 단계	4 능력발휘 단계	5 능숙 단계	6 우수 단계
C. 아이디어의 배열	아이디어 배열에 대한 고려가 전혀 없음.	아이디어를 제대로 배열하지 못하여 아이디어가 서로 조화롭게 어울리지 못함.	아이디어를 효과적으로 배열하지 못하여 큰 그림을 제대로 보여주지 못하거나 정형화된 뻔한 흐름을 보임.	아이디어를 논리적 흐름에 따라 배열함.	아이디어를 자연스럽게 배열하여 전체적인 통일감을 형성함.	아이디어를 매우 효과적으로 배열하고 있으며 글의 전개와 독자의 이해를 풍부하게 만드는 최선의 선택을 함.
D. 글의 완급 조절	글의 완급 조절에 대한 고려가 전혀 없음.	글의 완급 조절이 적절하지 않음. 진행이 너무 느리거나 빨라서 부적절하거나 어색함.	글의 완급 조절이 일부분 적절하나, 나머지는 그렇지 않음.	글의 완급이 대부분 고르게 조절됨.	글의 완급이 전체적으로 잘 조절됨.	글의 완급 조절을 능숙하게 잘 활용하여 독자가 텍스트에 몰입하게 하는 효과를 강화함.
E. 글의 목적 / 본문의 구조	글의 구조나 목적의 식별이 불가능함.	글의 구조가 느슨하여 독자가 글의 목적에 대해 명확하게 알지 못하거나 혼란스러움.	글의 구조에 일관성이 없어서 독자가 글의 목적을 파악하는 데 방해가 됨.	글의 목적에 맞는 구조를 일관되게 사용해 독자가 큰 혼란 없이 글을 논리적으로 따라갈 수 있음.	전체적으로 글의 목적을 명확하게 하고 뒷받침하는 구조를 사용함.	글의 목적에 대한 이해를 높이고 글의 흐름을 매우 매끄럽게 하는 구조를 활용함.
F. 제목 (선택사항)	제목이 없음.	제목이 중심 생각과 관련이 없거나 오해를 야기할 수 있음.	제목이 흔하고 별 특징이 없거나 중심 생각과 직접적인 관련이 없음.	제목이 중심 생각과 적절하게 관련됨.	제목이 중심 생각을 반영하는 방식이 특이하거나 흥미로움.	참신한 제목이 중심 생각을 반영하면서도 심오한 의미를 담아 독자를 사로잡음.

핵심 질문 **문체**

문체가 과제, 목적, 목표 독자에게 적절한가?

	미숙			능숙		
	1 시작 단계	2 기초 단계	3 발전 단계	4 능력발휘 단계	5 능숙 단계	6 우수 단계
	과제, 목적, 독자에게 무관심해 보이고 거리감이 느껴지는 문체를 사용함.	과제 그리고/또는 목적에 알맞고 독자를 사로잡는 문체를 시도하지만 효과적이지 않음.	문체가 발전하고 있지만, 아직 과제 그리고/또는 글의 목적에 맞지 않고, 독자를 사로잡지 못함.	일반 독자를 적절히 사로잡으면서 과제, 목적, 목표 독자에게 적합한 문체를 활용함.	과제, 목적 및 목표 독자를 염두에 두고 충분히 고심한 문체를 사용하여 글의 효과를 강화함.	독창적인 방식으로 문체를 사용하며 과제, 목적 및 목표 독자에 대해 강력하고 주체적인 인식을 보임.
A. 어조	명백한 어조가 없음. 적절한 수준의 격식을 갖추지 못함.	글의 목적을 뒷받침하지 못하는 어조를 사용함. 적절한 수준의 격식을 갖추지 못한 어조를 자주 사용함.	생기 없고 무관심하거나 가끔 글의 목적에 맞지 않는 어조를 사용함. 적절한 수준의 격식을 갖추지 못한 어조를 가끔 사용함.	글의 목적을 뒷받침하고 목표 독자를 반영한 어조를 사용함. 적절한 수준의 격식 있는 어조를 거의 항상 사용함.	글의 목적과 목표 독자에게 적절한 어조를 자주 사용함. 적절한 수준의 격식 있는 어조를 일관되게 사용함.	글의 목적과 목표 독자에게 적절한 어조를 일관성 있게 잘 활용하여 메시지를 입증하고 의미를 명료하게 함. 적절한 수준의 격식 있는 어조를 일관되게 사용함.
B. 독자에 대한 인식과 독자의 관심을 끌기 위한 노력	독자가 알아야 할 사항에 대해 고려한 노력이 보이지 않음.	독자의 관심을 끌지 못하거나 독자를 충분히 고려하지 않음.	일반 독자에 대한 인식이 제한적이고 목표 독자를 충분히 사로잡지 못함.	때때로 독자와 상호작용을 하거나 독자에 대한 인식을 보이지만 아직 독자를 완전히 사로잡지는 못함.	진정성 있는 방식으로 독자와 자주 소통함.	글쓴이가 글에 전력을 다했음이 돋보이도록 독창적이거나 독특한 방식을 선택하여 독자와 지속적으로 상호작용하고 소통함.

	미숙			능숙		
	1 **시작 단계**	2 **기초 단계**	3 **발전 단계**	4 **능력발휘 단계**	5 **능숙 단계**	6 **우수 단계**
C. 열의	글쓴이가 주제에 대해 가진 관심이나 열정이 드러나지 않음.	글쓴이가 주제에 대해 가진 관심이나 열정이 최소한으로 드러남.	글쓴이가 주제에 대해 가진 관심이나 열정이 나타나기 시작함.	글쓴이가 주제에 대해 가진 관심이나 열정이 보이지만 충분히 명확하지는 않음.	글쓴이가 주제에 대해 가진 관심이나 열정을 분명하게 드러냄.	글쓴이의 주제에 대한 주체적인 인식이 확연하게 드러남.
D. 개성 있는 표현 (필요한 경우)	글쓴이의 개성이 전혀 드러나지 않음.	글쓴이의 개성이 거의 드러나지 않음.	글쓴이의 개성을 엿볼 수 있으나 참신한 시도는 거의 없음.	글쓴이의 개성이 드러남. 독자를 놀라게 하고, 즐겁게 하고/하거나, 감동시키려는 참신한 시도가 한두 군데 보임.	글쓴이의 개성이 자주 드러남. 내용을 강화하고 독자를 감동시키려는 참신한 시도가 여러 차례 있음.	글쓴이의 고유한 개성을 드러냄으로써 내용을 더욱 풍부하게 함. 글쓴이가 하려는 이야기를 독자가 듣기 쉽게 만드는 참신한 시도가 확실히 보임.

핵심 질문

단어 선택

사용한 언어가 정확하고 강력한 의미를 전달하며/전달하거나 독자에게 생생한 이미지를 제공하는가?

	미숙			능숙		
	1 시작 단계	2 기초 단계	3 발전 단계	4 능력발휘 단계	5 능숙 단계	6 우수 단계
	어휘 사용이 제한적임.	잘못된 어휘나 단순한 어휘를 사용하여 의미가 손상됨.	대체적으로 이해할 수 있는 어휘를 사용하지만 혼란을 주거나 의미를 제한하는 어휘를 사용할 때가 있음.	일상적인 어휘를 사용하여 글의 목적을 달성함. 필요한 경우, 심상 그리고/또는 비유적 언어를 사용할 수도 있음.	정확하고 창의적인 어휘를 포함함. 필요한 경우, 심상 그리고/또는 비유적 언어가 포함됨.	정밀하고 강력하며 정확하고 매력적인 어휘를 사용함. 필요한 곳에 생생한 심상 그리고/또는 비유적 언어를 포함함.
A. 단어의 의미	의미가 맞지 않는 어휘를 지속적으로 사용함.	의미에 맞지 않거나 단순한 어휘를 사용해서 독자의 이해를 방해함.	때때로 부정확하거나 제한된 어휘를 사용함. 또는 맥락에 맞지 않는 분야의 전문 용어를 사용함.	대부분 정확하고 명료한 어휘를 사용함. 필요한 경우, 전문용어를 적절하게 사용함.	정밀한 어휘를 빈번하게 사용함. 필요한 경우, 맥락에 맞는 전문용어를 포함할 수 있으며 창의적인 어휘를 쓸 수도 있음.	정밀하고 창의적이며 강력한 어휘를 일관되게 사용함. 필요한 경우, 맥락에 맞는 전문용어를 정확하게 사용함.
B. 단어의 질	어휘 사용이 모호하거나 제한적임.	헷갈리거나 오해의 소지가 있는 어휘를 사용함.	제한된 의미를 전달하는 매우 기본적이고 일상적인 단어를 사용함. ― 필요한 경우, 심상이나 비유적인 언어를 사용하려는 미약한 시도를 포함하기도 함.	의도한 의미를 전달하는 친숙한 어휘를 선택함. ― 필요한 경우, 심상 그리고/또는 비유적 언어를 제한적으로 사용함.	의미를 명확하게 전달하는 효과적인 어휘를 자주 사용함. ― 필요한 경우, 생생한 심상 그리고/또는 비유적 언어를 포함함.	의미를 강화하고/하거나 상상력을 보여주는 강력하고 인상적인 어휘를 지속적으로 사용함. ― 필요한 경우, 빼어난 심상 그리고/또는 비유적 언어를 포함함.

	미숙			능숙		
	1 시작 단계	2 기초 단계	3 발전 단계	4 능력발휘 단계	5 능숙 단계	6 우수 단계
C. 단어 사용	같은 단어를 반복하고/반복하거나 부적절한 언어를 사용함(속어나 문자 메시지에서 쓰는 줄임말, 변형된 철자를 사용한 언어를 뜻함. (예: Thanx/Thanks, BTW/By the way, y/Why).	어휘를 부정확하거나 부적절하게 사용하고/하거나 동의어 대신 같은 단어를 반복 사용함.	일상적인 어휘를 제한적으로 사용하고/사용하거나 설명적이거나 복잡한 어휘를 과도하게 사용함.	적절한 어휘를 사용하되 지나치게 많이 쓰지 않으려고 노력함. 어휘를 창의적으로 사용하려는 시도를 하기도 함.	창의적이거나 독특한 어휘를 적절하게 사용함.	창의적이거나 독특한 어휘를 참신한 방식으로 일관되게 사용함.
D. 문법	품사를 자주 오용하여 의미를 흐리게 함.	품사를 다양하게 사용하지 않음. 의미를 손상시키는 전문 용어나 진부한 표현을 사용하기도 함.	수동태(영어 문장에서는 수동태보다는 능동태 문장 기술을 권장한다. 수동태는 능동태보다 단어를 더 많이 사용하거나 의미가 모호하거나 전치사구의 혼란이 있을 수 있기 때문이다-옮긴이) 글에서 많이 쓰이는 흔한 동사를 사용하고/사용하거나 의미를 제한하는 명사 그리고/또는 수식어를 과도하게 사용하여 기계적으로 들릴 수 있음.	일부 능동형 동사, 구체적인 명사나 수식어를 포함하며, 의미를 표현하는 데 도움이 되는 기능적인 품사(전치사, 관사, 조동사 등)를 정확하게 사용함.	정밀하고 다양한 품사(예: 능동형 동사, 구체적인 명사 및 수식어)를 선택하여 의미를 효과적으로 전달함.	구체적으로 섬세한 표현을 하는 동사, 능동형 동사, 세련된 명사 및 수식어 등 효과적인 품사를 선택하여 정확한 의미를 최선의 방법으로 전달함.

핵심 질문

문장의 유창성

소리 내어 읽었을 때 글이 매끄럽게 흐르도록 문장이 구성되어 있는가?

	미숙			능숙		
	1 시작 단계	2 기초 단계	3 발전 단계	4 능력발휘 단계	5 능숙 단계	6 우수 단계
	문장을 잘못 구성함. 독자가 소리 내어 읽으려면 글을 여러 번 다시 읽어야 함.	많은 문장의 구성이 잘못되어서 독자가 더듬거리게 됨. 문장이 다양하지 않음.	문장을 문법적으로는 맞게 구성하지만, 다양하지 않고, 어색하거나 매끄럽지 않게 들림.	다양한 문장을 대부분 문법적으로 정확하고 매끄럽게 흐르도록 구성함.	잘 만들어진 문장을 다양하게 구성하여 리듬감 있고 글의 흐름이 매끄러움.	효과적으로 잘 쓰여진 다양한 문장이 매끄럽게 흐르도록 구성함. 매력적인 리듬감과 운율감이 잘 드러남.
A. 문장 구조	문장 구조가 불완전하고, 2개 이상의 문장이 마침표 없이 이어지거나 이 말 저 말 횡설수설하여 뚝뚝 끊어짐.	문장 구조가 단순하고/단순하거나 올바른 부분이 거의 없음.	문장 구조가 문법적으로는 올바르지만 매끄럽지 않거나 복잡한 문장을 너무 많이 사용하고 있음.	문장 구조가 매끄럽고 정확하지만 어떤 부분에서는 다소 기계적인 경우도 있음.	문장 구조가 글 전반에 걸쳐 잘 다듬어져 있음.	문장 구조가 탄탄하여 글 전체가 독자에게 미치는 영향을 최대화함.
B. 문장 감각과 리듬	문장 감각(문장을 문법에 맞게 만들어 내는 능력 - 옮긴이)이 부족함. 글의 리듬이 불규칙하게 끊어져서 글쓴이의 도움 없이는 소리 내어 읽기가 거의 불가능함.	문장 감각의 증거가 거의 보이지 않음. 독자가 글을 소리 내어 읽으려면 문장의 흐름을 재구성 해야 함.	문장 감각이 일관되지 않아 읽는 목소리가 높아졌다 낮아졌다 하는 부자연스러운 패턴을 유도하거나 소리 내어 읽을 때 독자가 글을 다시 읽어봐야 함. ——— 대화체 및 불완전하게 끝나는 문장이 사용된 경우 효율적이지 않거나 흐름을 방해할 수 있음.	글의 리듬과 흐름에서 문장 감각이 좋다는 것을 알 수 있음. 소리 내어 읽기를 부드럽게 할 수 있음. ——— 대화체 및 불완전하게 끝나는 문장을 종종 효과적으로 사용함.	효과적이고 리듬감 있는 문장 감각을 충분히 다양하게 활용하여 글의 흐름을 향상시킴. 소리 내어 읽기가 쉬움. ——— 대화체 및 불완전하게 끝나는 문장을 일관되게 효과적으로 사용함.	효과적이고 리듬감 있는 문장 감각을 보여줌. 글을 읽을 때 억양의 변화가 일어나는 지점이 있어서 소리 내어 읽을 때 감정이 살아나도록 만들어줌. ——— 대화체 및 불완전하게 끝나는 문장이 사용되는 경우, 대화체는 자연스럽고 효과적이며, 불완전하게 끝나는 문장은 글에 세련미를 더함.

	미숙			능숙		
	1 시작 단계	2 기초 단계	3 발전 단계	4 능력발휘 단계	5 능숙 단계	6 우수 단계
C. 문장의 다양성	문장을 시작하는 방식이나 유형이 다양하지 않음.	문장 시작 그리고/또는 유형이 동일하게 반복되고, 단순하면서 종종 단조로운 문장을 사용함.	문장을 시작하는 방식이 약간 다양하지만, 일부는 판에 박힌 뻔한 표현이거나 포괄적임. 그리고/또는 대부분 단순한 문장이나 등위접속사로 연결된 문장을 사용함.	문장을 시작하는 방식이 다양하지만 일부는 판에 박힌 뻔한 표현이거나 포괄적임. 여러 문장 유형을 포함함.	문장을 시작하는 방식이 다양하고 흥미로움. 다양한 문장 유형을 포함하여 글에 균형이 있음.	문장 시작이 다양하여 흥미와 에너지를 자아냄. 다양한 문장 유형을 포함하여 글의 흐름을 향상시킴.
D. 문장의 연결	문장 혹은 문장의 일부를 서로 연결할 때 전환어구를 제대로 사용하지 못하거나 아예 사용하지 않음. 그리고/또는 글이 뚝뚝 끊어지고 연결되지 않은 언어 그리고/또는 길게 늘어지는 언어를 사용함.	단락 내에서 문장 혹은 문장의 일부를 서로 연결할 때 거의 도움이 되지 않는 기초적인 전환어구를 사용함. 전환어구가 누락되거나 제멋대로 적용되기도 함.	문장 혹은 문장의 일부를 서로 연결할 때 전환어구를 거의 사용하지 않음. 일부 전환어구를 과도하게 사용하기도 함.	문장 및 문장의 일부를 연결할 때 다양한 전환어구를 사용함.	다양한 전환어구를 고심하여 사용함으로써 문장 및 문장의 일부를 유려하게 연결함.	글 전반에 걸쳐, 창의적이고 다양한 전환어구를 사용하여 문장 및 문장의 일부를 서로 연결하면서 문장 간의 관계를 강조함.

해당 학년에서 배우는 어문 규범에 대한 능숙도를 글이 얼마나 잘 보여주고 있는가?

	미숙			능숙		
	1 시작 단계	2 기초 단계	3 발전 단계	4 능력발휘 단계	5 능숙 단계	6 우수 단계
	글을 읽을 수 없거나 주의를 산만하게 만드는 수많은 그리고/또는 다양한 오류가 있음. 광범위한 수정이 필요함.	글을 읽기 어렵게 만드는 오류가 많음. 수정이 많이 필요함.	어문 규범 사용에 일관성이 없어 가독성이 저해되는 경우가 있음. 학년 수준에 따라 특별한 고려 사항을 포함해야 함.	일부 사소한 오류가 있지만 학년 수준에 적합한 올바른 어문 규범을 사용함. 사소한 수정이 필요함.	올바른 어문 규범을 일관되게 사용함. 매우 제한적인 수정만이 필요함.	오류 없이 창의적인 어문 규범을 사용하여 가독성을 향상시킴. 사실상 수정이 필요 없음.
A. 철자	흔한 단어조차 철자 오류가 잦음.	단어를 소리 나는 대로 표기하며 오류가 많음.	간단한 단어의 철자를 빈번하게 틀리지만 독자가 의미를 이해할 수 있음.	해당 학년 수준에서 가장 일반적인 단어의 철자를 바르게 씀. 더 어려운 단어의 철자는 부정확하기도 함.	해당 학년 수준에서 일반적인 단어의 철자를 바르게 쓰며 더 어려운 단어의 철자도 대개 정확하게 씀.	해당 학년 수준보다 어려운 단어를 포함하여 모든 철자를 정확하게 씀.
B. 문장부호	구두점을 사용하지 않거나 거의 항상 잘못 사용함.	구두점을 제멋대로 사용하고/사용하거나 틀리게 사용함.	간단한 마침표는 대부분 정확하게 사용함. 문장 내의 구두점(예: 쉼표, 아포스트로피, 세미콜론)의 사용에는 오류가 있음.	해당 학년에 기대하는 수준에서 마침표와 문장 내 구두점을 대부분 정확하게 사용함.	마침표와 문장 내 구두점을 모두 정확하게 사용함.	마침표와 문장 내 구두점을 모두 정확하게 활용함. 구두점을 독창적으로 활용하여 가독성을 높이기도 함.
C. 대문자 사용	대문자를 아예 사용하지 않거나 틀리게 사용함.	대문자의 사용이 제멋대로이며 오류가 잦음.	해당 학년에 기대하는 수준에서 대문자를 일부 정확하게 사용함.	해당 학년에 기대하는 수준에서 대문자를 대부분 정확하게 사용함.	대문자를 정확하게 사용함.	대문자를 한결같이 정확하게 사용할 뿐 아니라 정교하게 활용하여 더 효과적인 표현을 할 수 있음.

	미숙			능숙		
	1 **시작 단계**	2 **기초 단계**	3 **발전 단계**	4 **능력발휘 단계**	5 **능숙 단계**	6 **우수 단계**
D. 문법 / 용법	문법/용법의 오류가 심각해서 글을 이해하는 것이 불가능함.	문법/용법의 오류가 많아서 글을 이해하는 것이 어려움.	문법/용법의 오류가 독자의 주의를 산만하게 만드는 경우가 있음. 글의 성격에 적합하지 않은 대화체나 문자메시지 언어를 사용하기도 함.	해당 학년에 기대하는 수준에서 오류가 거의 없는 올바른 문법/용법을 사용함. 사소한 오류가 있더라도 의미를 왜곡하거나 독자의 주의를 산만하게 하지 않음.	문법/용법이 적절함.	정확한 문법/용법을 사용해서 글에 명확성과 세련미를 더함.
E. 참고문헌 (선택 사항)	인용이나 참고문헌 정보가 없음.	부실하지만 인용한 내용을 표기하려는 시도를 하거나 기초적인 참고문헌 정보를 포함함.	인용 그리고/또는 참고문헌 정보를 일관성 없고/없거나 불완전하게 기술함.	인용 그리고/또는 참고문헌 정보를 정확한 형식으로 기술함. 약간의 오류가 있기도 함.	인용 그리고/또는 참고문헌 정보를 거의 오류 없이 정확하게 기술함.	인용 그리고/또는 참고문헌 정보에 오류가 없음.

※참고: 어문 규범의 특성상, 학년 수준이 중요함. 기대치는 학년 수준에 근거해야 하며, 배운 기술만 포함해야 함.

핵심 질문

발표 방식/서식

완성작은 읽기 쉽고, 잘 다듬어진 모양새이며 보기 좋게 편집되었는가?

	미숙			능숙		
	1 시작 단계	2 기초 단계	3 발전 단계	4 능력발휘 단계	5 능숙 단계	6 우수 단계
	발표 방식이나 서식이 글을 읽기 힘들게 만듦.	발표 방식이나 서식이 글을 이해하기 어렵게 만듦.	발표 방식이나 서식이 일정하지 않아 때때로 글을 읽거나 이해하기 어려움. 글이 완성된 형태를 갖추지 못함.	발표 방식이나 서식이 글을 이해하는 데 도움이 됨. 글이 잘 마무리되고 다듬어져서 완성된 글의 형태를 갖춤.	발표 방식과 서식이 글을 읽기 쉽게 만들어줌. 글이 잘 마무리되고 다듬어져 완성된 형태가 글에 대한 이해를 향상시킴.	발표 방식과 서식이 전문가 수준이며 중요한 부분을 부각시키고 있음.
A. 폰트 양식 / 크기	글꼴의 스타일과 크기가 각기 달라 글을 읽을 수 없음.	글꼴의 스타일과 크기가 각기 달라 읽기나 이해를 방해함.	글꼴의 스타일과 크기에 일관성이 없고/없거나 어울리지 않는 곳에 잘못 사용되어 읽기나 이해를 방해함.	글꼴의 스타일과 크기에 일관성이 있어 글을 읽고 이해하기 쉬움.	글꼴의 스타일과 크기가 적절하고 일관성이 있어 가독성을 높이고 글을 이해하기 쉽게 도움. 글의 특정 부분을 강조하기 위해 일부 글꼴 스타일에 변화를 주기도 함.	글에 대한 이해 및 가독성을 높이도록 의도적으로 글꼴의 스타일과 크기를 선택함. 글의 특정 부분을 강조하기 위해 일부 글꼴 스타일에 변화를 주기도 함.
B. 여백	흰 여백을 고려하지 않거나 제멋대로 사용하고 혼란스러워서 글의 시작과 끝을 알아보기 어려움.	흰 여백을 활용하려는 시도가 보이지만 의도적으로 가장자리 여백이나 경계를 만든 부분은 거의 없음. 텍스트의 배치가 임의적인 경우가 있음.	텍스트의 틀을 잡고 균형을 맞추기 위해 흰 여백을 활용하지만 일관성이 없음. 일부 텍스트가 가장자리에 뭉쳐 있기도 있지만 가장자리 여백이 있는 경우도 있음 ――― 문단 시작 들여쓰기나 문단별 한 줄 띄어쓰기가 고르지 않은 경우도 있음.	허용 가능한 수준의 가장자리 여백을 이용하여 텍스트의 틀을 잡음. ――― 문단 시작 들여쓰기나 문단별 한 줄 띄어쓰기를 일관되게 함.	허용 가능한 수준의 가장자리 여백을 이용하여 텍스트의 틀을 잡음. ――― 문단 시작 들여쓰기나 문단별 한 줄 띄어쓰기를 일관되게 함.	허용 가능한 수준의 가장자리 여백을 이용하여 텍스트의 틀을 잡음. ――― 문단 시작 들여쓰기나 문단별 한 줄 띄어쓰기를 일관되게 함.

	미숙			능숙		
	1 시작 단계	2 기초 단계	3 발전 단계	4 능력발휘 단계	5 능숙 단계	6 우수 단계
C. **텍스트 기능** (선택 사항)	텍스트 기능(예: 제목, 글머리 기호, 쪽 번호, 부제목)을 사용하지 않음	텍스트 기능의 사용 목적을 고려하지 않은 채 대부분 부적절하고/하거나 비효율적으로 사용함.	텍스트 기능을 사용하나 글을 구조화하고/하거나 명확하게 하기에는 종종 비효율적임.	텍스트 기능을 사용하여 아이디어를 적절하게 구조화하고 명료하게 함.	아이디어를 통합하고 의미를 명료하게 하며 읽기를 뒷받침하는 데 도움이 되도록 텍스트 기능을 사용함.	의미를 확장하고/하거나 더욱 완전한 이해를 돕도록 텍스트 기능을 사용함.
D. **시각 자료와 그래픽** (선택 사항)	이해할 수 없고/없거나 글과 관련이 없는 시각 자료나 그래픽을 사용함.	시각 자료나 그래픽이 주제와 관련은 있으나 글에 대한 이해를 돕지 못함.	시각 자료나 그래픽을 사용하여 글을 뒷받침하는 경우가 일부 있음.	시각 자료나 그래픽을 사용하여 글을 뒷받침하고 있음.	시각 자료나 그래픽을 사용하여 글을 명료하게 뒷받침하고 있음.	시각 자료나 그래픽이 의미를 확장하고 풍부하게 하며 글에 적절히 통합됨.
E. **글자** (선택 사항)	글자가 일관성 없이 쓰였고/쓰였거나 부정확하게 쓰여져 완성된 글을 읽을 수 없음. --- 글자나 단어 사이의 간격이 부족하거나 간격이 고르지 않음.	글자의 모양 그리고/또는 형태가 불규칙하여 글자 및 단어를 읽을 수 없는 경우가 많음. --- 글자나 단어 사이의 간격에 종종 일관성이 없어서 읽기 어려움.	글자가 때때로 읽기 어려움. --- 글자나 단어 사이의 간격에 일관성이 없는 곳이 여기저기 있음.	글자가 정확하고 읽기 쉬움. --- 글자나 단어 사이의 간격이 대체로 균일함.	글자가 깔끔하고 읽기 쉬움. --- 글자나 단어 사이의 간격이 균일함.	글자가 멋져서 보기 좋음. --- 글자나 단어 사이의 간격이 균일함.

■ 노스웨스트교육연구소(Education Northwest)는 교육자가 학생이 쓴 글에 대해 명확하고 일관되며 증거를 기반으로 하는 피드백을 제공할 수 있도록 6+1 특성 글쓰기 지도 및 평가 모델(6+1 Trait® Writing Model of Instruction & Assessment)을 개발했습니다. 더 많은 학교와 지역이 교육과정 전반에 걸쳐 학생의 작문 능력을 강조함에 따라 모든 교사가 공통 용어와 공유된 전략을 사용하여 피드백을 제공하는 것이 필수적입니다. 루브릭 및 공통핵심성취기준(Common Core crosswalks)과 같은 무료 기초 자료를 포함해 광범위한 교육, 기술 지원 및 리소스를 제공합니다.

부록 B

6+1 특성®
글쓰기
루브릭
(K~2학년*)

*한국 학제로는 유치원생~초등학교 2학년

핵심 질문

아이디어

글이 주제에서 벗어나지 않으면서, 독자에게 새로운 정보나 관점을 제공하는가?

	미숙			능숙		
	1 시작 단계	2 기초 단계	3 발전 단계	4 능력발휘 단계	5 능숙 단계	6 우수 단계
	글, 그림, 혹은 말로 자신의 생각을 전달하지 못함.	자신의 생각을 전달하려고 시도하나 내용이 모호하고 글과 그림이 이를 뒷받침하지 않거나 전달하려는 내용과 연관이 없음.	자신의 생각을 일반적인 방식(예: 단어 나열, 문장)으로 전달하나 뒷받침하는 내용이 없거나 약함.	글로 중심 생각(예: 이야기, 정보, 또는 의견)을 간단하고 명료하게 제시하며, 약간의 세부 사항을 덧붙임.	주제를 벗어나지 않으면서 중심 생각을 명료하게 글로 씀. 중심 생각을 뒷받침하는 세부 사항을 여러 문장으로 제시함.	중심 생각이 주제를 벗어나지 않고 다채롭게 글로 잘 전개되었음. 글이 참신하거나 독창적임.
A. 중심 생각	글자 비슷하게 끄적이고/끄적이거나, 아무 글자나 씀. 생각을 말로 표현하거나 그림의 명칭을 적기도 함.	알아볼 수 있는 글자나 단어를 몇 개 사용했으며, 줄에 맞추어 써서 줄글처럼 보이기도 함. 그림을 그린 경우, 그림에 내용을 표시하기도 하지만 글과 관련되지 않을 수도 있음. 생각을 말로 표현하거나 그림의 명칭을 적기도 함.	단어를 사용해 어떤 생각에 대한 정보나 간단한 경험을 전달하지만 의미가 완전히 명확하지는 않음. 그림을 그린 경우, 글의 내용과 관련이 있을 수도 있으며, 생각을 말로 표현하기도 함.	단순한 중심 내용을 이야기, 정보, 또는 의견의 형태로 명료하게 전달함. 그림을 그린 경우, 그림이 중심 생각과 적절하게 어울림.	주제를 벗어나지 않으면서 중심 생각이 명료함. 그림을 그린 경우, 그림이 중심 생각을 뒷받침하고 있음.	참신하거나 독창적인 중심 생각을 주제를 벗어나지 않으면서도 다채롭게 제시함. 그림을 그린 경우, 그림이 중심 생각을 강화함.
B. 세부 사항	그림이나 글에 세부 사항이 없음.	그림을 통해 간단한 세부 사항을 전달하나 중심 생각을 뒷받침하지 않음.	글에 세부 사항을 1~2가지 언급하지만 중심 생각을 뒷받침하지 않음(예: 추가적인 설명 없이 세부 사항을 나열함.) 그림을 그린 경우, 추가적으로 세부 사항을 제공하지만 중심 생각과 관련이 적음.	글의 중심 생각을 뒷받침하는 여러 세부 사항 그리고/또는 이유를 포함함. 그림을 그린 경우, 중심 생각과 관련이 있음.	글의 중심 생각을 전개하는 구체적인 세부 사항 그리고/또는 이유를 다수 포함하고 있음. 그림을 그린 경우, 추가적인 세부 사항을 제공함.	글의 중심 생각을 풍부하게 만드는 세부 사항 그리고/또는 이유가 구체적이고 흥미로우며 효과적으로 전개됨. 그림을 그린 경우, 글의 의미를 심화시킴.

글의 문체를 통해 글쓴이의 개성, 감정, 글의 분위기를 느낄 수 있는가?

	미숙			능숙		
	1 시작 단계	2 기초 단계	3 발전 단계	4 능력발휘 단계	5 능숙 단계	6 우수 단계
	과제, 목적, 독자에게 무관심해 보이고 거리감이 느껴지는 문체를 사용함.	과제 그리고/또는 목적에 알맞고 독자를 사로잡는 문체를 시도하지만 효과적이지 않음.	문체가 발전하고 있지만, 아직 과제 그리고/또는 글의 목적에 맞지 않고, 독자를 사로잡지 못함.	일반 독자를 적절히 사로잡으면서 과제, 목적, 목표 독자에 적합한 문체를 활용함.	과제, 목적 및 목표 독자를 염두에 두고 충분히 고심한 문체를 사용하여 글의 효과를 강화함.	독창적인 문체를 쓰며, 과제, 목적 및 목표 독자에 대해 강력한 주체성을 가지고 글을 장악하는 힘이 있음.
A. 감정 / 분위기	감정 표현이 없거나 미약함.	단어, 어구, 그리고/또는 그림을 통해 감정에 대한 실마리를 얻을 수 있으나 명확하지 않음.	글 그리고/또는 그림을 통해 예측 가능한 감정이나 개인적인 의견을 보이나 밋밋하고/또는 반복적임.	글에서 감정이나 개인적인 의견이 드러남. 그림을 그린 경우, 감정이 더 잘 드러날 수 있도록 돕는 경우도 있음.	글에서 감정 그리고/또는 개인적인 의견이 강하게 드러남. 그림을 그린 경우, 그림이 감정을 부각시킴.	다양한 감정을 보여주기 위한 의도를 가지고 글을 창작함. 그림을 그린 경우, 그림이 감정적 호소를 강화함.
B. 개성 있는 표현	글 그리고/또는 그림에 글쓴이의 개성이 전혀 드러나지 않음.	글 그리고/또는 그림에 글쓴이의 개성이 거의 드러나지 않음.	글 그리고/또는 그림을 통해 글쓴이의 개성을 엿볼 수 있으나, 참신한 시도는 거의 없음.	글쓴이의 개성을 표현함. 그림을 그린 경우, 그림에서도 글쓴이의 개성이 드러남. 한두 곳에서 독자를 놀라게 하고/놀라게 하거나, 기쁘게 하고/기쁘게 하거나, 독자에게 감동을 주는 참신한 시도를 하기도 함.	진정성과 열정을 가진 태도로 독자와 관계를 맺고 빈번하게 상호작용함.	글쓴이의 고유한 개성을 드러냄으로써 내용을 더욱 풍부하게 함. 그림을 그린 경우, 그림이 글쓴이의 개성을 돋보이게 함. 글쓴이가 하려는 이야기를 독자가 듣기 쉽게 만드는 참신한 시도가 보임.
C. 독자에 대한 인식 / 독자의 관심을 끌기 위한 노력	글 그리고/또는 그림에서 독자와의 연결성 그리고/또는 독자의 관심을 끌기 위한 노력이 전혀 보이지 않음.	글 그리고/또는 그림에서 독자와의 연결성이나 독자의 관심을 끌기 위한 노력이 거의 보이지 않음.	글 그리고/또는 그림에서 독자와 연결하려는 시도를 하지만 제한적이고 성공적이지 않음. 글 그리고/또는 그림을 볼 누군가에 대한 인식이 대략적으로 드러나기도 함.	독자와 연결되는 부분이 있음. 그림을 그린 경우, 그림이 독자와의 연결에 도움이 됨.	많은 부분에서 독자와 연결되어 독자를 인식하고 있음을 보여줌. 그림을 그린 경우, 그림이 독자와의 연결을 강화하며 독자를 사로잡음.	독자와 강하게 연결되어 있음. 글 전체에서 독자에 대한 인식이 확고히 드러남. 그림을 그린 경우, 그림이 독자를 사로잡음.

핵심 질문

글의 구조

글의 구조가 아이디어를 강화하고 이해하기 쉽게 만드는가?

	미숙			능숙		
	1 시작 단계	2 기초 단계	3 발전 단계	4 능력발휘 단계	5 능숙 단계	6 우수 단계
	분명한 구조나 체계가 없음.	글이나 그림을 조직적으로 구조화하려고 시도하나 미완성이거나 혼란스러움.	글이 간단한 구조를 갖추기 시작하나 혼란스러운 부분이 군데군데 있음. 전환어구의 사용이 제한적이고/제한적이거나 정보의 배열이 제멋대로임.	글의 구조가 기본적인 틀을 갖추고 있으며 전환어구를 사용하고 논리적으로 정보를 배열하여 글의 내용을 순차적으로 제시함.	글의 구조가 체계적으로 조직화되어 있음. 다양한 전환어구를 사용하여 아이디어를 연결하고 효과적으로 정보를 배열하여 의미를 확장함.	글의 구조가 체계적으로 조직화되어 있음. 여러 가지 다채로운 전환어구를 사용하여 아이디어를 강화하고 효과적으로 정보를 배열하여 의미를 풍부하게 만듦.
A. 시작, 중반부, 결말	글의 시작, 중반부, 결말이 어때야 하는지에 대한 이해가 없음. 그림을 그린 경우, 글과 관련이 없거나 내용과 동떨어져 있음.	글이나 그림을 조직적으로 구조화하기 시작하지만 내용이 정리되지 않았거나 미완성임.	글의 구조를 조직적으로 발전시키기 시작하지만 글의 흐름을 따라가기 어려울 수도 있음. 글의 시작 부분(예: "옛날 옛날에") 그리고/또는 중간 부분에 실험적인 시도를 하지만 "끝" 같은 표현 외에 명확한 결말이 없음.	글에 시작, 중반부, 결말이 있기는 하지만 분명히 구분되지 않거나 매끄럽게 연결되지 않음. 글에 도입부 그리고/또는 결론 문장이 있음.	글에 시작, 중반부, 결말이 있고, 각 부분이 잘 연결되어 내용이 명료하게 전달됨. 글의 도입 문장과 결론 문장을 확인할 수 있음.	독자의 관심을 끄는 시작, 적절한 세부 사항이 있는 중반부, 효과적이며 흥미롭고/흥미롭거나 깊이 생각하여 잘 전개된 결말이 있음.
B. 전환어구	단어 그리고/또는 그림의 순서나 분류에 대한 이해가 없음.	단어 그리고/또는 그림을 분류하려는 시도를 함. 몇 가지 제한된 전환어구를 사용하려는 시도를 하는 경우가 있음.	전환어구를 포함하고 있지만 제한적이며, 주로 간단한 단어(예: 그래서, 그리고, 그러고 나서)를 사용함. 그림을 그린 경우, 내용의 연결을 시도하기도 함.	뻔한 전환어구(예: 연결어나 시간을 언급하는 전환어구; 오늘 아침, 어제, ~후에 등등)를 자주 사용함. 그림을 그린 경우, 내용을 연결하고 있음.	중심 내용과 세부 사항을 연결하는 다양한 전환어구를 자주 사용함. 그림을 그린 경우, 내용을 견고하게 연결함.	다양한 전환어구를 활용하여 아이디어들을 흥미롭고 효과적인 방식으로 연결함. 그림을 그린 경우, 내용의 연결을 정교하게 함.

	미숙			능숙		
	1 시작 단계	2 기초 단계	3 발전 단계	4 능력발휘 단계	5 능숙 단계	6 우수 단계
C. 정보의 배열	글 그리고/또는 그림의 정보 배열에 대한 이해가 없음.	글 그리고/또는 그림에서 정보의 배열이 제멋대로임.	글 그리고/또는 그림에서 정보를 논리적으로 배열하려고 시도하나 혼란스럽거나 순서가 맞지 않음.	논리적으로 정보를 배열하여 글의 내용이 잘 정리됨. 그림을 그린 경우, 그림도 논리적으로 배열하거나 배치함.	정보를 논리적으로 배열하여 의미를 명료하게 함. 그림을 그린 경우, 그림 역시 의미를 명확하게 함.	정보를 설득력 있게 배열하여 의미를 향상시키거나 확장함. 그림을 그린 경우, 그림 역시 의미를 향상시키거나 확장시킴.
D. 제목 (선택사항)	제목이 없음.	제목이 내용과 연관이 없거나 이해하기 어려움.	제목이 너무 단순하거나(예: "개") 중심 생각과 직접적인 연관이 없음.	제목이 중심 생각과 적절히 연계됨.	제목이 중심 생각을 반영하며, 흥미로움.	제목이 중심 생각을 반영하며, 독창적이거나 통찰력이 있거나 기발함.

핵심 질문

단어 선택

사용한 언어가 정확하고 강력한 의미를 전달하며/전달하거나 독자에게 생생한 이미지를 제공하는가?

	미숙			능숙		
	1 시작 단계	2 기초 단계	3 발전 단계	4 능력발휘 단계	5 능숙 단계	6 우수 단계
	제대로 쓴 글씨가 거의 없거나 없음. 단어 대신 그림을 그리고/그리거나 주변에 보이는 글자(예: 주변의 인쇄물, 상표, 표지판, 포장지 등의 글자-옮긴이)를 베껴 의미가 불명확함.	무슨 글씨인지 알아보기 어려운 단순한 단어들이 있음. 주변에 보이는 글자에 의존해 따라 적기도 함.	단어, 단어군, 그리고/또는 어구를 그림과 함께 사용함. 어휘가 일반적이고 흔한 수준으로 제한되어 있으며 반복적인 경우가 있음.	기본적인 어휘와 필요한 경우 기본적인 전문용어를 올바르게 사용함. 참신한 어휘를 선택하려는 시도를 몇 번 하기도 함.	정밀하고 정확하며 다양한 어휘를 사용하며, 필요한 경우에는 기본적인 전문용어를 정확하게 사용함. 어휘를 창의적으로 선택하거나, 비유적 언어를 사용하려는 시도를 하기도 함.	정밀하고 정확하며 다양하고/또는 참신한 어휘를 사용함. 필요한 경우에는 기본적인 전문용어를 정확하게 사용함. 비유적 언어를 포함하기도 하며, 글쓴이가 주제에 대해 얼마나 이해하고 있는지를 반영하는 어휘를 사용함.
A. 단어의 의미	단어나 어구 대신 그림을 그림. 글자 그리고/또는 단어의 일부로 자주 쓰이는 글자 조합의 사용이 일관되지 않고 의미를 이해하기 어려움.	의미 해석이 가능하기도 한 단순한 단어 그리고/또는 어구를 약간 사용함.	일반적이거나 일상적인 단어 그리고/또는 어구를 쓰지만 가끔 틀리는 경우가 있음. 의미에 적합하지 않은 새롭거나 어려운 단어를 사용하려는 시도를 하기도 함.	즐겨 쓰는 단어 그리고/또는 기초적인 어휘, 그리고 필요한 경우, 기본적인 전문용어를 정확하게 사용함. 다양하고 세련된 어휘를 사용하려는 시도를 하기도 하며, 때때로 성공함.	정밀하고 정확하고 다양한 어휘를 사용하며, 필요한 경우 기본적인 전문용어도 사용함. 더욱 세련된 어휘를 활용하려는 실험적인 시도를 하기도 함.	정밀하고 정확하며, 다양하면서도 참신한 어휘를 사용하고, 필요한 경우 기본적인 전문용어를 사용함.

	미숙			능숙		
	1 시작 단계	2 기초 단계	3 발전 단계	4 능력발휘 단계	5 능숙 단계	6 우수 단계
B. 단어의 질	묘사하는/설명적인 단어를 사용하지 않음.	사용하기 편하고 사용 빈도가 높고/높거나 단순한 어휘(예: 이름, 알파벳 철자)를 반복적으로 사용함.	친숙하고/친숙하거나 기초적인 단어를 사용함. 이미지를 만들어내기 위해 묘사하는 단어를 사용하려고 시도함.	묘사하는 어휘를 사용해 세부 사항을 전달하고/전달하거나 생생한 이미지를 만들어냄.	참신한 어휘를 자주 사용하여 세부 사항을 전달하고/또는 생생한 이미지를 만들어냄. 좀 더 수준 높고/높거나 비유적 언어를 사용하려는 시도를 하기도 함.	글 전체에 걸쳐 지속적으로 표현이 풍부한 어휘를 선택해 독자의 마음에 오래 남아 있는 생생하고 세밀한 이미지를 만들어냄. 은유, 비유, 또는 다른 비유적 언어를 사용하기도 함.
C. 단어 사용	단어를 표현하기 위한 그림이나 글자를 전혀 사용하지 않거나, 사용하더라도 이해할 수 없음. 주변 글자를 베껴 쓰려는 시도를 하기도 함.	일상적인 단어 및 주변 글자에서 베껴 쓴 단어를 사용하지만 정확하지 않고/또는 반복적인 경우가 있음.	단순한 단어를 사용하고, 단어의 사용이 제한적임. 때때로 단어의 사용이 부정확하고/또는 반복적임.	기본적이고 적절한 어휘를 사용함. 참신한 어휘를 사용하려는 시도(예: 유의어, 형용사, 부사)가 보이나 잘못 사용하는 경우도 있음.	구체적인 목적을 위해 다양하고 정확한 어휘(예: 유의어, 형용사, 부사)를 선택해 사용하며 독자에게 생생한 이미지를 보여줌.	다채롭고 정확하며 참신하고 풍부한 어휘를 일관성 있게 선택하여 의미를 강화하고/또는 독자에게 생생한 이미지를 보여줌.

핵심 질문

문장의 유창성

소리 내어 읽을 때 글이 매끄럽게 흐르도록 문장을 제어하고 있는가?

	미숙			능숙		
	1 시작 단계	2 기초 단계	3 발전 단계	4 능력발휘 단계	5 능숙 단계	6 우수 단계
	완전한 문장이 없음. 단어를 표현하기 위해 알아볼 수 없는 글자를 제멋대로 쓰기도 함.	문장의 일부는 이해가 가능하나 글에서 리듬감에 대한 이해가 전혀 보이지 않음.	이해 가능한 문장이 몇 개 있으나 툭툭 끊기고 리듬감이 없음.	단순한 문장을 사용하며 전환어구의 사용이 제한적임. 문장의 다양성 그리고/또는 리듬감이 부족함.	문장의 시작 방식이 다양하며 전환어구를 포함하는 복합적인 문장을 쓰고 있음. 문장이 리듬감 있게 잘 흐르며 소리 내어 읽기 쉬움.	다양한 전환어구를 활용해 문장을 다채롭게 사용하며 문장의 흐름이 매끄럽고 소리 내어 읽기가 쉬움.
A. 문장 구조	문장에 구조가 없으나, 페이지 전체에 걸쳐 왼쪽에서 시작해 오른쪽으로 쓴 표시나 단어의 일부로 자주 쓰이는 글자 조합이 보이기도 함.	짧고 어구 수준의 단어들을 문장처럼 사용하며 그중 일부는 이해 가능함.	단순한 문장을 정확히 사용하지만, 문장 패턴이 다양하지 않음.	단순한 문장을 정확히 사용하며, 몇몇 다양한 문장 패턴을 활용함. 문장 패턴이 기계적인 경우가 있음.	단순하지만 다양한 문장과, 문장의 의미를 확실하게 전할 수 있는 다양한 문장 패턴을 효과적으로 사용함.	글 전반에 걸쳐 다양하고 효과적인 문장 구조를 사용함. 창의적인 문장을 자주 사용함.
B. 문장의 다양성	문장, 또는 불완전하게 끝나는 문장을 포함하지 않고, 단어만 나열함.	짧고 반복적인 단어 패턴을 사용하고 다양성이 없음. 어떤 부분은 불완전함.	몇몇 문장을 제외하면 문장을 시작하는 방식이 모두 같음. 문장의 길이가 모두 비슷하여 툭툭 끊기는 느낌을 줌.	문장을 시작하는 방식 및 문장의 길이에 약간의 다양성이 있어 글의 흐름에 도움을 줌.	문장을 시작하는 방식 및 문장의 길이를 다양하게 사용하여 글이 매끄럽게 흐르도록 만듦.	문장을 시작하는 방식과 문장의 길이를 의도적으로 다양하게 사용하여 글의 흐름을 향상시킴.

	미숙			능숙		
	1 시작 단계	2 기초 단계	3 발전 단계	4 능력발휘 단계	5 능숙 단계	6 우수 단계
C. 문장의 연결	전환어구를 전혀 사용하지 않음.	문장이라고 볼 수 없는 단어 뭉치 사이에 단순한 전환어구를 몇 개 사용함.	단순한 전환어구가 몇 개 포함되어 있으나 반복적으로 사용하기도 함.	단어 그리고/또는 어구를 연결하기 위해 전환어구를 사용함. 오류가 많지 않음.	전환어구를 정확하게 사용해 단어 그리고/또는 어구를 연결함. 가독성 있음.	다양한 전환어구를 매끄럽고 효과적으로 사용하여 가독성을 향상시킴.
D. 문장의 리듬	단어가 없거나 몇 개 뿐으로 제한적임. 리듬이 없음.	글의 분량이 매우 적고 소리 내어 읽었을 때 리듬이 거의 없음.	문장이 반복되고/또는 문장 구조가 고르지 않아 리듬이 부족함. 소리 내어 읽기가 어려움.	글에 약간의 리듬이 있지만 다소 기계적인 부분도 있음. 소리 내어 읽기가 쉬움.	글의 리듬감과 흐름이 좋음. 소리 내어 읽을 때 자연스러움.	자연스러운 리듬과 억양을 활용해 소리 내어 읽기 쉽고 즐겁게 읽히는 글의 흐름을 만들어냄.

핵심 질문

어문 규범

해당 학년에서 배우는 어문 규범에 대한 능숙도를 글이 얼마나 잘 보여주고 있는가?

	미숙			능숙		
	1 시작 단계	2 기초 단계	3 발전 단계	4 능력발휘 단계	5 능숙 단계	6 우수 단계
	학년 수준에 적합한 어문 규범에 대한 이해가 없거나 거의 없음.	글 전반에 걸쳐 다양한 종류의 어문 규범 오류가 있음.	어문 규범을 때때로 잘 적용하나 가독성을 저해하는 오류가 있음.	학년 수준에 적합한 표준 어문 규범을 거의 대부분의 경우에 정확하게 적용함.	오류가 거의 없고 발표 전에 사소한 수정만이 필요함. 더 복잡한 어문 규범을 적용하려고 시도하는 경우도 있음.	심각한 오류 없이 어문 규범을 손쉽게 적용함. 어문 규범을 활용해 메시지를 창의적인 방식으로 강화함.
A. 철자	철자의 조합에서 글쓴이가 글자와 소리 간의 관계를 알지 못한다는 것을 알 수 있음. 글자를 어떤 식으로 쓰는지에 대한 인식이 생기기 시작함.	단어를 소리 나는 대로 표기(예: MTR, KLOSD, UM, KD)하지만 대부분 이해 가능함. 단순한 단어들의 철자를 정확히 쓰기도 함. ——— 구두점을 사용하려는 시도를 하지만 무작위로 씀.	해당 학년 수준의 단어와 자주 쓰이는 단어의 철자를 일관성 있게 쓰지 못함. 일부 소리 나는 대로 표기함.	해당 학년 수준의 단어와 자주 쓰이는 단어의 철자를 대부분 정확하게 씀. 자주 쓰지 않는 단어의 철자를 소리 나는 대로 표기함.	해당 학년 수준의 단어와 자주 쓰이는 단어의 철자에 오류가 거의 없음. 더 어려운 단어의 철자는 논리적으로 유추하여 쓰려고 시도함.	해당 학년 수준의 단어와 자주 쓰이는 단어 및 더 어려운 단어들도 포함한 거의 모든 단어의 철자가 정확함.
B. 문장 부호	구두점을 사용하지 않음.	구두점을 사용하려는 시도를 하지만 무작위로 씀.	마침표를 실험적으로 사용함.	마침표를 대부분 정확하게 사용함.	마침표를 대부분 정확하게 사용함. 기타 구두점을 사용해보려 시도하나 부정확하게 사용하는 때가 있음.	마침표를 정확하게 사용함. 좀 더 고급 수준의 구두점은 대체적으로 정확하게 오류 없이 사용함. 글의 스타일 그리고/또는 효과를 위해 구두점을 사용하기도 함.

	미숙			능숙		
	1 시작 단계	2 기초 단계	3 발전 단계	4 능력발휘 단계	5 능숙 단계	6 우수 단계
C. 대문자 사용	대문자를 아예 사용하지 않거나 거의 사용하지 않음.	대문자 그리고/또는 소문자의 사용이 일관되지 않음.	대문자의 사용이 일관되지 않지만, 적절하게 사용한 흔적이 보임.	문장을 시작할 때, 제목 그리고/또는 이름을 쓸 때 대문자의 사용이 대부분 정확함.	문장 시작, 제목, 이름에 대문자를 정확히 사용하고, 고유명사의 대문자는 대부분 정확함. 특정한 효과를 나타내기 위해 대문자를 창의적으로 사용하려는 시도를 하기도 함.	문장 시작, 제목, 이름, 고유명사에 대문자를 정확히 사용함. 강조를 표현하기 위해 대문자를 창의적으로 사용하려는 시도를 하기도 함.
D. 문법 / 언어 사용	글에서 사용되는 기초적인 문법 그리고/또는 용법에 대한 이해가 전혀 보이지 않음.	글에서 사용되는 기초적인 문법 그리고/또는 용법에 대한 제한적인 이해를 보임.	기초적인 문법 및 용법을 사용하고자 시도하나, 고르게 사용하지 않고 지나치게 단순하거나 부정확함.	단순한 문장 구조에서 명사-대명사, 주어-동사, 동사 시제가 대부분 일치함.	문법을 거의 대부분 정확하게 사용함.	해당 학년 수준의 문법을 정확하고 일관되게 사용하며, 더 높은 수준 역시 정확하고 일관되게 사용하는 빈도가 높음.

※참고: 어문 규범의 특성상, 학년 수준이 중요함. 기대치는 학년 수준에 근거해야 하며, 배운 기술만 포함해야 함.

핵심 질문

발표 방식/서식

완성작은 읽기 쉽고, 잘 다듬어진 모양새이며 보기 좋게 편집되었는가?

	미숙			능숙		
	1 시작 단계	2 기초 단계	3 발전 단계	4 능력발휘 단계	5 능숙 단계	6 우수 단계
	글자나 단어의 배열 순서와 글자 간 간격을 고려하지 않음. 그림을 아무 데나 끼워넣기도 함.	글자를 제대로 쓰기 시작하지만 제멋대로 배치함. 그림이 글과 관련이 없음.	같은 글자를 쓸 때 다르게 쓰기도 함. 글자나 단어 간 간격이 대부분 올바름. 그림이 글과 관련이 있음.	글자, 단어, 문장의 간격이 대부분 적절함. 그림이나 그래픽이 포함된 경우, 글과 논리적으로 연계되며 사진, 차트, 표 그리고/또는 그래프 등을 포함함.	글자, 단어, 문장의 간격이 적절하여 가독성이 좋음. 그림이나 그래픽이 포함된 경우, 글과 논리적으로 연계되며 글의 내용을 뒷받침함.	글자, 단어, 문장의 간격이 적절하고 흰 여백을 효과적으로 이용하여 정돈된 글을 작성함. 그림이나 그래픽이 포함된 경우, 글의 내용을 풍성하게 하기 위해 의도적으로 사용함.
A. 손글씨	표시나 글자의 모양이 일관적이지 않음. 알파벳은 알아볼 수 있음.	몇몇 글자는 올바른 모양으로 쓰나 다른 글자는 알아보기 힘들거나 부정확함.	글자 모양이 일관적이지 않으나 알아볼 수 있는 글자가 많음.	글자 모양이 일관적이어서 대부분의 글자와 단어를 읽을 수 있음.	글자의 형태가 보기 좋고 읽기 쉬움.	손글씨가 읽기 쉽고 매력적이며 글쓴이의 개성을 보여줌.
B. 간격	글자와 단어의 배열 순서가 엉망이고 글자 간 간격이나 여백 사용이 제멋대로임.	글자 및 단어 간 간격, 그리고/또는 가장자리 여백의 사용이 제멋대로임.	일부 글자와 단어에는 가독성이 있음. 대부분의 경우 간격이 적절함.	글자, 단어, 문장 간 간격이 대부분 적절함. 문단 시작 들여쓰기를 시도함.	단어 및 문장 간 간격, 그리고 가장자리 여백이 적절함. 문단 시작 들여쓰기를 함.	글 전반에 걸쳐 단어 및 문장 간 간격이 일관적으로 고름. 가장자리 여백이 글의 틀을 잡아줌. 문단 시작 들여쓰기나 문단별 한 줄 띄어쓰기를 한 경우, 둘 중 하나를 일관적으로 적용함.

	미숙			능숙		
	1 시작 단계	2 기초 단계	3 발전 단계	4 능력발휘 단계	5 능숙 단계	6 우수 단계
C. 그림과 그래픽 (선택 사항)	그림을 두서없이 배치함. 그림이 있는 경우, 그림과 글자의 내용이 일치하지 않음.	글 내부에 그림이 무작위로 삽입되어 있어 산만함.	그림이나 그래픽을 글 내용을 뒷받침하기 위해 배치함.	그림이나 그래픽을 논리적으로 배치함.	텍스트 기능(예: 제목, 글머리 기호, 쪽 번호)을 활용하여 아이디어를 통합하고 의미를 더 분명하게 하며 글 읽기를 더 수월하게 만듦.	텍스트 기능을 활용하여 의미를 확장하고/또는 더 완전한 이해를 도모함.

▪ 노스웨스트 교육연구소는 교육자가 학생이 쓴 글에 대해 명확하고 일관되며 증거를 기반으로 하는 피드백을 제공할 수 있도록 6+1 특성 글쓰기 지도 및 평가 모델을 개발했습니다. 더 많은 학교와 지역이 교육과정 전반에 걸쳐 학생들의 작문 능력을 강조함에 따라 모든 교사가 공통 용어와 공유된 전략을 사용하여 피드백을 제공하는 것이 필수적입니다. 루브릭 및 공통핵심성취기준과 같은 무료 기초 자료를 포함하여 광범위한 교육, 기술 지원 및 리소스를 제공합니다.

형성평가부터 채점까지, 교사를 위한 루브릭의 모든 것
루브릭, 어떻게 만들고 사용할까?

초판 1쇄 펴낸날 2022년 12월 23일
초판 5쇄 펴낸날 2024년 11월 11일

지은이 수전 M. 브룩하트
옮긴이 장은경 외
펴낸이 홍지연

편집 홍소연 이태화 김선아 김영은 차소영 서경민
디자인 이정화 박태연 박해연 정든해
마케팅 강점원 최은 신종연 김가영 김동휘
경영지원 정상희 여주현

펴낸곳 ㈜우리학교
출판등록 제313-2009-26호(2009년 1월 5일)
주소 04029 서울시 마포구 동교로 12안길 8
전화 02-6012-6094
팩스 02-6012-6092
홈페이지 www.woorischool.co.kr
이메일 woorischool@naver.com

ISBN 979-11-6755-087-3 03370

• 책값은 뒤표지에 적혀 있습니다.
• 잘못된 책은 구입한 곳에서 바꾸어 드립니다.

만든 사람들
편집 이선희
디자인 책은우주다seungdesign@hanmail.net